滄海叢刊

孔學漫談

余家菊　著

1991

東大圖書公司印行

© 孔學漫談

著者 余家菊
發行人 劉仲文
出版者 東大圖書股份有限公司
總經銷 三民書局股份有限公司
印刷所 東大圖書股份有限公司
地址／臺北市重慶南路一段六十一號二樓
郵撥／〇一〇七一七五一〇號
初版 中華民國六十五年二月
再版 中華民國八十年二月
編號 E 12015
基本定價 壹元壹角叁分
行政院新聞局登記證局版臺業字第〇一九七號

ISBN 957-19-0271-3（平裝）

孔學漫談　目錄

附錄

一、開場白

多年以來，朋友們每稱我爲儒家，我不敢承受，也不敢拒絕。不敢承受，是因爲怕自己的言行，有愧儒家之名。不敢拒絕，是因爲二十年來自己心中有一大秘密，就是企圖了解中國文化的骨髓，試問除了孔子及孔子徒的思想言行以外，到何處去尋覓中國文化的骨髓。我鑽研孔學，受盡揶揄，嘗徧蹂躪，到底不悔。因爲我相信要國民愛國，必須本國先民的成就有其可愛之處；而且要發揚國民精神，也當從固有的精神中有所抉發。所以我在早期作品中如教育原理之內，便已含有孔門思想。二十一年發表孔子教育學說，就是我對孔學研究的初步報告。我其所以名之爲教育學說，第一是因爲我認定一個有志的人，當求無所不知，當戒無所不談，所以將我的談論限制在教育之內。第二是因爲感於盧梭所言：按照書的名字去判斷書的內容，乃是聰明的儍瓜，所以我要藉教育兩字避掉那羣聰明人的眼光。據我所知，認識此書不是一本教育著作的，也不無其人，如河南張仲孚是。後來我寫人生對話，頗受讀者歡迎，其實此書的主幹，完全是孔學。至於服務與人生，孔學的氣味，漸趨顯然。教育與人生，則是依據孔學以結束我的教育著作的一部作品，其中如知止、發育、盡性、中庸、日新等篇，完全是孔學的發揮。最近出版的大學通解（中華大學叢書）才是正面談孔學的處女作。我在此時談孔學，不是要追逐潮流，不是要尋求利益；我發誓，假若以講孔學而謀自利，那便是出賣孔子，也便是出賣靈魂。我感覺國人意識中有許多由近五十年傳來的積非成是的見解，我發願將我的餘年用在說明我對孔學的認識之上。這是我二十年努力的必然結果。我說努力，不但指着學術的努力，實在是指着我的一切活動。譬如說政治活動，我之不適於時代政治，我豈不知。我其所以不肯宣言離開政治，就是因爲在孔子的思想中，一個國民是不可不過問政治的，子路所謂『不仕無義。……君臣之義，如之何其廢之。』（論語）是也。又如黨的生活，我在青年黨是有名的不過問黨務的人，大家稱我爲青年黨的理論家，但是我的理論便是青年黨的理論嗎？不見得。然則，我以何種理由而厠身青年黨？此一解答，是要留待後人尋求的——假如他們有此興趣。我可以說，我籍隸青年黨，是依據孔子羣而不黨的精神的。羣而不黨的精神，即是則是、非則非的精神，絕不苟同，亦無人能強迫他人使爲苟同。我其所以始終如世人所認定而自承是一個青年黨員的唯一原因，便是因爲我見了任何青年黨人，我能毫無畏忌地說我所要說的話。這就是孔子思想所核准的生活。我的一生，快到收場階段，今日來談孔學，今後如能邀天之幸，或不至貽孔子以羞辱。我惟有敬謹祈求孔子的啓佑！

二、述而不作

孔子自道述而不作，其實孔子是「以述爲作」。孔子的至德在此，孔子的大經綸也在此。怎講？世人都有驕慢心，喜誇己之長，暴人之短，所以紛紛故作，立異鳴高。孔子則不然；他喜歡成人之美，對於前人的優點，喜歡加以發揚，予以推崇，不使前人功德湮沒不彰。這種氣象，該是何等寬宏浩渺！康南海說孔子託古改制，是把孔子看作一個「師心自用」的人了！那祇是富有突進力而器度狹隘的人生罷了！

從何見出孔子的大經綸呢？須知孔子在紹述之中，運用他的批判眼光，發揮他的甄別手腕，從並行於域內的種種制度文化中，選擇其完美之點而發揚之，傳播之，使在國民意識上佔居顯要的地位，以期逐漸見諸事實。如『行夏之時，乘殷之輅，服周之冕，樂則韶舞。』（論語）就是表明他要從虞夏商周四代的禮樂之內，各別選擇其最優者以配合成爲一個完整的體系。該是何等偉大！亞里士多德用的是比較法，孔子用的是歷史法，孔子是具有哲學眼光的偉大歷史家。不明此點，不足以了解孔子之「以述爲作」的精神。其他如言中道，則堯舜授受時已經叮嚀「允執厥中」；言孝道，則虞舜已曾以大孝聞；言仁道，則老子已有「天地不仁」之語，足見孔子所言都是就國民文化中所已有者而選拔之，加以洗鍊、整理、發揚。

三、儒者

儒不自孔子而起，但後人視儒學卽孔學，故謗孔者必詆儒，甚至據同聲互訓之法，謂儒爲濡，爲懦，故迂濶不切事情，懦怯不敢革命。其實儒者不怯懦，稍翻故籍，便可了然。禮記儒行一篇，載儒者行爲典範，甚爲詳密，不見有絲毫怯懦之處；相反的，却見有許多勇敢之句，如士可殺而不可辱，便是常被稱述之一句。再看孔門的行事，例如夾谷之會，孔子以嚴正之氣却強齊之詭計，存君國於安全；有子、樊遲、執干戈以參與戰鬪，左傳皆記有明文；子路之死衞難，更是從容就義，千載之下，餘烈猶存。卽在靜穆之顏子，當孔子在匡脫險，顏子後出，孔子見之，喜而告之云：「吾以汝爲死矣！」顏子答謂：「子在，回何敢死。」氣象何等從容！實因孔子旣不死，是義不應死，故說不敢死，並非不能死。又如以雍容著稱的曾子，也說：「臨大節而不可奪」；又說：「士不可以不弘毅」（論語）。至如「見危致命，見得思義」（論語），「臨財毋苟得，臨難毋苟免」（禮記），「有殺身以成仁，無求生以害仁」（論語），聖門互相砥礪，何嘗見有絲毫怯懦。

說儒爲濡，當初創造儒之一名時，在意念聯想上或有若干關聯，亦未可知，祇好留待掘墳考古的人們驗驗墳中死屍的言語吧！不過「需者，事之賊也」（見左傳），在易經的需卦，已經垂示明白，儒者當知引以爲戒。其實儒字的構造是「人」旁「需」，並不是「人」旁「濡」，儒濡兩字，祇是同根，不能說是同義。若就儒字從「需」說，是可以想見其中所含意義的。需者，須也；須者，待建。何所待，待其時，待其可而已。儒學基礎，也在歷史之上，歷史告訴人，天下事勢有潮流，有時機。潮流不正，欲加挽轉，也當審察時機，而待其可行之際會，不可憑主觀幻想，蠻幹橫幹。天下是重器，不可由一人之力，任意拖曳。說文云：「儒者，柔也，溫良術士之稱。」儒者的手法，是急來緩應，硬來軟應。所謂「沈潛剛克，高明柔克」（洪範）是也。又古代人民，野悍之氣未馴，強暴之氣未戢，不知重法令，守紀律；若用強力以相拑制，則如抱薪救火，燒必更烈，祇好以誠意相感，以恩義相結，期以長久，終當就範。我國對付異族，執持「柔遠人」方針。柔字的意義，正作此解。況且政教功能，須當發皇國民的志氣，使有擔當力，國家始能強盛。若利用國家威權，對不馴人民，予以當頭痛擊，則弱者勢必消沉，強者勢必反動，皆非國家之福。此所以痛心疾首於古之法家及今之納粹也。學術關係世變甚大，有心人豈可不察世事！

說文謂儒者爲溫良術士，今之考證家便有人說儒生是靠爲人贊禮混酒肉吃的人們，好像後世陰陽生一類的人。這是誤會了術字的意義，不含後代所有術字的卑下意味。例如孟子言「敎亦多術」，「是乃仁術」；莊子言「古之道術，有在於是者；」（天下）韓非子更大談其君人之術；術字並無惡劣意味。依原義術也，遂也，塗也，道也，皆今日所謂路也，街也。總言之，皆指人所行的；單言之，曰道；複言之，曰道術。所謂術士者，便是懷抱道術之士，並非後代的術士。所以文字的古義不可泯滅。

儒者在社會上究居於何種地位？我想，當是一種未任官職而富有學問的人，進可爲政治的幹部，退可爲社會的領袖。古代的卿大夫，是世襲的，技工也是世傳其業的，祇有所謂士這一羣人，是非世襲的。所謂選賢與能，是指這一羣人而言的。士是政治的幹部，須有才能，始可擔任，是世襲不來的，所以非汲引人才不可。儒者便是士的預備人物。士是儒者經過王侯任命的，所謂「命士」是也。

儒者未出仕之時，即是社會的領袖。昔日的社會是禮治的社會。禮是社會風習所由構成，人間情意所由溝通，敎化旨趣所由貫徹，所以社會領袖不得不維護禮的推行。所以儒者爲人相禮，是無可非難的。此一風俗，直至清末，依然流行；即在今日，也還有時可以見到。這正如西洋牧師之爲人擧行祈禱，今日大人物之爲人作證婚演說，是同一意義的。儒生相禮之餘，是否有酒食吃，不得而知。今日爲人證婚的人，又何嘗不吃人家的酒席！難道有專門撮酒食吃的要人，一如有專門撮酒食吃的媒婆嗎？

人待人，要以善意相待。我們解釋古人，也當以善意相體驗。清末的學風，是怪僻；民初的學風，更有點卑劣。今旋乾轉坤之機運，已微露端倪，且佇看學風之丕變。

四、孝道

孔門常言孝，且有孝經一書。孝經一書，無論爲孔子所作，抑爲曾子所述，其爲孔子主要思想之一，則絕無疑問。試觀論語問孝之語甚多，即其明證。孝道並非孔子所發明，孔子祇是發現其價值而闡揚之而已。所以可列爲述而不作之林。有史之初，有一個大孝子，便是虞舜。假若史籍不曾渲染過度，試想舜的境遇，當知非常人所能堪受，然而舜之應付上下，毫不責望對方，祇是盡自己的道理，做自己所應做的事。這便是儒家精神所在，所謂「盡其在己」是也。所以說「君雖不君，臣不可以不臣；父雖不父，子不可以不子。」做人祇是各盡各的道理。倘若要別人待我好，我才待別人好，那又有什麼稀罕。而且衆人之中又當由誰先好起來呢？所以人人應當認定先從自己好起，這便是「先誠其身」的道理，這便是「正己以正人」的道理，這便是「所求乎朋友先施之」（中庸）的道理。大家若是祇把眼睛放在別人身上，勢必祇能看見別人眼中的刺，看不見自己眼中的梁木。所以反己自省，是合羣的要道。

孝道在孔子以前，早已流行，所以伯夷責備武王，說他父死不葬，可謂孝乎？詩人「孝子不匱，永錫爾類」之句，已見引用於左傳。今人說孝是宗法社會的道德，其實孝道之建立，早在宗法社會尚未成立以前。今人腦內，充滿了種種學說思想，所以疑孝，非孝。在上古時代，人類的思想單純，生活簡單，孝養父母，毋寧是出乎天性的一件很自然的事情。古代社會，不問是始於家庭，還是始於部落，其結合的人數畢竟很少的。在此很少的人數中，又有一二人對自己特別關心，照料（不用說養育），受關心照料的人對此關心照料的人發爲感激圖報的心思行爲，豈不是一件很自然的事情嗎？到後來有聰明睿智的人出，能用思想看出孝道的價值，才樹立爲一種行爲標準，於是經過哲學化而成爲一種思想。

孝道有什麼價值呢？它的主要價值，在篤厚人類的情感，純化人間的情誼，使人對人發生不計自己利益的愛他行爲。社會的支持，最低的條件，爲彼此不相辜負。父母對子女，有最高的善意，有極大的恩惠，子女不圖報答，便是忘恩負義。人人相習於忘恩負義，這個社會能靠什麼凝合呢？法律，軍警，豈是無所不在，無所不能的上帝嗎？無所不在，無所不能者，乃是人心。純厚了人心，社會才可安定。父母在世時，孝奉父母，或者還有好處可得；及至父母死了，還不忘父母，那才是純厚之至。所以儒家重喪葬祭祀。所以說，「愼終追遠，民德歸厚矣。」（論語）所以說，「人未有自致者也，必也親喪乎？」（論語）一個久別的朋友，篤舊的人，風雨晨夕，尙且往往念及，何況是死了的父母。一個將要別離的朋友，篤厚的人，尙且要張羅盛饌，以相祖餞，何況是永別的父母，那能「不稱家之有無」以辦理「祇此一次」的送別。這種不負人和不負恩的情誼，是人間最大的寶貝，功利主義者決然見不及此。

孝是一種家庭道德嗎？渉之乎小也其看孝道。孝是一種經綸人羣的方法，所以古者以孝治天下。怎麼說是經綸天下的方法呢？人要生存，人又不能單身生存。人必須如何，才能共存共榮？這是古今聖哲的一大課題。人要共同生存，必須相愛，這是古今聖哲的共同論斷——馬克思除外。要人相愛，又有什麼方法呢？佛的方法太深奧，耶穌的方法太玄遠，只有孔子的方法最切實。他用什麼方法呢？他祇是養成人人的愛人性格。有了愛人性格，自然處處時時總能愛人。怎樣養成人人的愛人性格呢？就人人最易愛的人——父母，敎他去愛。等到愛的性格已成，家內所養成的德性，自然表現於家庭之外。所以孝經說：「敎民親愛，莫善於孝；敎民禮順，莫善於弟。」所以論語說：「其爲人也孝弟，而好犯上者鮮矣；不好犯上，而好作亂者，未之有也。君子務本，本立而道生。孝弟也者，其爲仁之本歟？」仁是博愛，談博愛而非棄孝弟，可謂無源之水。

有人說敎子女孝，何以不敎父母慈，慈愛子女豈不是民族綿延之所依恃嗎？父慈，子孝，本是相關的。其所以說孝多而說慈少，是因爲生物之性，愛護子女更易於孝愛父母，所謂「水往下流」是也。人必到三十歲以後，自己有了子女，才知道爲父母者的心情。水往下流，所以不必多敎父母以慈愛。例如法令規定父母有敎育子女的義務；不知祇要可能，那個父母不願子女上學，所以大可不必規定。正如一個政府威權赫赫，誰敢不服從，所以講忠君時，不多講服從，而多講進諫，甚至講犯顏直諫。敎人就等於救人——救其所偏而已。

五、弟　道

孝與弟，往往同時稱說，嚴格言之，兩者確有分別。就事奉父母說，名爲孝；就事奉兄長說，名爲弟。孝道以親愛爲主要意旨，弟道以尊敬爲主要意旨。當然，孝之中不可無敬，弟之中亦不可無愛。孝養父母，如果無敬，是卽所謂「至於犬馬，皆能有養；不敬，何以別乎？」（論語）侍候兄長，如果無愛，則兄長彎弓殺人，亦且袖手旁觀，不能垂涕泣以相勸阻。不過對於父母究竟愛的成份多，而且也應該多；對於兄長，究竟敬的成份多，而且也應該多。所以孟子說：「孩提之童，無不知愛其親者；及其長也，無不知敬其兄也。」對親愛，對兄敬，是自然，也是當然；當然卽建立在自然之上，所謂「伐柯伐柯，其則不遠」（詩經），卽是此意。行爲軌範不得違反人情。

弟道本乎人性之自然，兄友弟恭，無非踐履天性之所要求，本不問其有何用處。性是考察此種天性之社會的價值，以決定應否加以發揚，亦屬不容忽視之事。就人類經營共同生活之觀點加以考察，人類的弱點，除了自私以外，就是傲慢。自私起源於保存自己，如果不保存自己，則人類早已消滅，不過保存自己而妨害了共同生活，便名之曰自私罷了。傲慢起源於自尊，人不自尊，則文明無從發生，不過自尊而至於凌駕別人，便名之曰傲慢而已。自私與傲慢，都足以破壞人間的諧和與團結，消滅共同的努力，必須加以救治。救治自私，在教人相愛；救治傲慢，在教人相敬。要養成愛人的性格，便在家庭之內，教以愛父母；要養成敬人的性格，便在家庭之內，教以敬兄長。所以孝經說：「教民親愛，莫善於孝；教民禮順，莫善於弟。」世間禍患，常發自豪俊；豪俊之人，私己之情常少於凌人之意。故傲慢為多數禍患之所由生。

任何團體，大至國家，小至家庭，凡有組織，便有領導與服從的關係。領導者要求服從，為的是團體目的之完成。如果團體構成份子，桀傲不馴，不肯執行命令，不但團體目的無從完成，便是團體的存在，亦且發生危機。所以紀律是團體存在的基本條件。紀律建立在何處？紀律必須建立在團體構成份子的性格之上。現代各國訓練國民紀律，有的取徑於軍營生活，有的利用球場活動。我國往日所利用的，便是在家庭的敬長行為。所以說：「弟者，所以事長也。」（大學）現今紀律之重要，國人已經認識，而對於弟道與紀律間的關連，尚未肯留心體究，確是可惜。我們留心考察國內的秘密社會，他們的組織，依據兄弟的行次，他們也以兄弟相呼，他們組織的威權，掌握在大哥手內，大哥以次的兄長也分享一部分威權，其餘無哥字頭銜的衆弟兄則依照規例，聽受約束。他們的秩序紀律，便完全建立在兄弟關係之上。這完全是由舊日的大家庭脫胎而來的。今後，大家庭恐不復存在，但是小家庭之中依然可以施行弟道教育；便是學校之內，年齡不齊，也應當有長幼之分。

一個社會，隨時都要有秩序，從而隨地要有一個組成秩序的據點。政府中的秩序，是以官階大小爲基準的。公務員若不守秩序，侵越職權，刼制長官，行政便無法推進。學校的秩序，是以品學高低爲基準的。學校員生若不承認彼此之間，在品學上有高低的差異，學術便簡直不必存在了。一般社會的秩序，可用何者爲基準呢？實在沒有比年齡再好的基準。年齡的長幼，是一件自然的事實，無可爭議。宴客時，推年長者坐首席，餘依年次而坐，便相協不起問題。若依官階則祇可用於政府公宴；若依品學，亦祇可行於正式典禮之中。一般私宴，祇有用年次一法可以避免爭端。所以「尚尊」、「尚賢」、「尚齒」，同有整飭紀律的用處，而尚齒的用處，尤爲普徧。古代天子「養老乞言」，也是以孝弟來訓練自己，馴伏傲慢之氣的。

六、忠

孔子說：「君使臣以禮，臣事君以忠。」（八佾）忠是事君之正軌。所謂忠君，就是「能致其身」以執行君命。致身的意義，從貢獻自己的一切心思能力，以至於犧牲自己的生命，都包含在內。所以忠的要求，異常嚴重。這種要求，果眞爲的是國君個人的便利嗎？決然不是。君有三重意義：一、是執政者個人；二、是執政者所代表的政府；三、是執政者所服務的國家。這三種意義，可加以分別，但在執政者執行職權的時候，三者便又合而爲一。忠國家，其事必要，人易了解；因爲人民不忠於國家，則國家的生存感受威脅，國家的利益感受侵害，其理甚爲顯明。不忠於政府，則政府的企圖不能貫徹；政府是國家的行爲機關，政府不能貫徹其企圖，國家的活動便將失敗，所以政府也有理由要求臣民盡忠。或問：臣民既然當忠於政府，又何解於革命之說呢？人民豈無權推翻政府嗎？孔子是承認人民的革命權的。「湯武革命，順乎天而應乎人。」（易經）本是一句極尋常的話。春秋書梁亡，用自亡之辭；書蔡潰，有民逃其上之語。所以革命與反叛，是臣民可有的權利。不過反叛是顛覆秩序，革命更有犧牲，這種權利的行使是不可無條件的拘束的。條件維何？便是「順乎天，應乎人」六個大字。就理看，原來的政府絕無存在的理由；據勢看，原來的政府絕無苟延的可能；於此乃起而推翻之，是爲順乎天。人民對於原來的政府，有「及汝偕亡」之怨，無擁戴思戀之誠，是爲民心已去；於此乃起而推翻之，是爲順乎人。所以孟子說：「聞誅一夫紂矣，未聞弑君也。」後之儒者亦說：「必上有桀紂之暴，下有湯武之仁，始可言革命。」所以「革命」不是家常便飯，可以隨時舉行，可以人人舉行的。（此處所謂革命，是指革命的原義而言，愼勿誤會。）

至於對執政者個人的盡忠，其重要亦不稍減。執政者在執行職務時，發佈命令，假使受命者不忠心執行其命令，豈不是將執政者的兩足砍掉，而責令他跳舞嗎？世間政治，那有這種道理？或謂：假使長官的命令必須服從，長官犯法時，未必也當隨著他去犯法嗎？長官犯法，不當隨著犯法，似乎是一個確定的道理。所以現行行政法，也准許屬員違反上官的違法命令。在理論上，此種決策，似甚合理，而在事實上，則決不可行。何以故？一個長官的命令，是否違法，揆之於理，祇應該由上級機關或由法院去判決；如果准許屬員有裁判權，凡是欲背叛其長官的人，何愁沒有一種口實可尋呢？豈不是促進行政紀律的顛覆嗎？如果屬員違反非法命令，其所違之命，如果經裁定爲并非「非法命令」時，違反人仍應負違抗命令之責，則是違抗命令（非法的）根本並無法律的保障，仍須違抗者自己擔負其危險，此一法理之設定，又有何種用處呢？再就事實言之，一種命令是否違法，非將發令人的整個行爲情境完全了解，是不易判斷的。同一種性質的行爲，由一種情境中的人去行爲，是違法；由另一種情境中的人去行爲，並不違法，乃是常有之事。例如殘害屍體，是犯罪的；而醫學生之解剖屍體，則是法律所許可。長官的行爲，有時固不能完全企求其部下徹底明白，如果一切命令，須求部下的明白了解，必將有遺誤事機之虞。所以公務員對於執政者的命令，祇有絕對服從，並且盡心盡力執行之。

如此說來，倘若明知執政錯誤，未必便當聽其陷入罪戾，而且舉自己之身以殉之嗎？那又不然。此際自處之法，第一，祇有誠意誠心，和顏下氣，剖陳事理，解析利害，以善進忠言。所以服從不難，難在進諫。古之大臣，以格君心之非自任，其故在此。第二，君臣之道，乃以義合，合則留，不合則去，不可尸位竊祿，應當「食人之食，死人之事。」商紂暴虐，「微子去之，箕子爲之奴，比干諫而死。」（論語）三人態度，相去懸殊，而孔子同稱曰仁。三個人都有一種無虧於理而能安於心的辦法。以一死求君感悟，固可敬；潔身遠引，別求辦法，亦無負於君；佯狂自汚，避禍全身，亦無虧於己。或謂國家昏暗，國民有何處可去？不知國民報國，其道多端，或進或退，或默或語，存心忠，察事審，自處何愁無地！

七、信

五倫中朋友一倫，其交往的軌則爲信。何謂信？淺言之，按照所想的去說，按照所說的去做，謂之信；深言之，信就是人格表現的純一性。

言行一致，是人間的基本要求。人與人相處，要了解對方的意思，以決定自己的應付，祇有依靠對方的言語，用言語作了解的工具。穀梁所謂「人之所以爲人者，言也。」今人所謂人爲言語的動物，皆是此意。可見言語的功用，在將自己的意思表達於他人。若是言語所表達的，並非自己的正確意思，豈非有意陷聽者於錯誤，與故意害人，有何差別？所以言語不眞實，不僅失去言語的功用，而且簡直是一種罪惡。所以穀梁說：「言之所以爲言者，信也。」

言語不信實，有種種形式，凡揑造、歪曲、顚倒、掩飾、諂諛都是不信。言語不信的目的，有在於從中取利者，有在於藉以損人者，有在於聊以自衞者。藉謊語以自衞，爲言語無信中唯一可以原諒之形式。守信爲常道，不信爲權道。公羊之義，行權須無害於人。說謊之目的，若僅在自衞，亦可謂爲「反經合權」。不過權道非經道，不可常行，須在必不得已時，偶一用之。如果常常行使權道，必將引起聽者之懷疑；疑汝所言不眞，疑汝對彼不肯相信，故不吐露眞情。人人都要求他人相信自己的眞實。若對他人之眞實，顯然流露疑念，便損傷了他人的自尊心，終必遭受他的報復。

自己所爲、所想、所經、所歷，有一概向他人表白的義務嗎？沒有！我們對於自己所認爲宜於保守秘密的，或無意表白者，我們實有權加以秘密或不表白。世間最堪痛惡的事，莫過於問人以人所不願置答之事，而又強迫人非作答不可，是爲迫人說謊。講社交者，於此須加注意。世間最腐敗的政治，爲大大小小的官吏都相習於說假話。人情誰不願說眞話；不說眞話，是必有所迫而然。

「言爲心聲」，言語是精神的代表。言語不眞實，就是精神不純潔，或不光明的證據。所以立誠以不說謊語爲基本條件。謊語的用意在欺人，欺人必先自欺。欺人，人未必果受其害；自欺，自己先已損傷了自己的生機。人生的生機，就在意念之純誠；一有虛僞，便開始墮落；虛僞愈多，墮落愈甚。其機甚微，不可不懼。所以「君子戒愼乎其所不睹，恐懼乎其所不聞。」（中庸）而至善之德，所以存於無聲無臭處也。

信的功用的一種，即在保持自心之純眞。信雖是一種對人的軌範，其實亦是一種對己的修養。原來自己人格的表現，大部份都顯現在對人的關係上；對人而言行如一，便是自己人格的凝固；對人而前後一致，便是自己人格的統一。那般口是心非的人，至少有了兩重人格，所以他的人格極端脆弱。那般變幻無常的人，其人格未嘗穩定，其歷史不足以保證其將來。對於這般人，是不可信託的，須得執持保留的態度，預加戒備的措置。

人格純一，其所表現，表裏一致，所以可以聞其言而信其行。人格純一，其所表現，時時一致，所以能夠久而不忘平生之言。人格純一，其所表現，處處一致，所以得以據其所已爲而測其所未然。一個無信的人，別人對他，不測其眞意所在，不測其變化所至；和他共事，須出以警覺的心情，一不警覺，便爲所誤；和他相處，須保持緊張的態度，偶一鬆懈，便受其禍。常在警覺緊張中的生活，是人所難堪的生活。所以無信的人，是人人所痛惡的人。

想要作一個信實的人，必當說信實的話；要話語信實，必當少說話。「仁者，其言也訒。」不得已，然後說，是之謂訒。說出時，又當愼重謹厚，使有艱澀意味。世間最危險的享樂，莫過於「圖嘴巴快活」。油腔滑調，信口開河，足以亡國。

優良的人格是一元的，任何軌範的履行，都足以發揚人生的高潔意義，所謂條條大路通羅馬也。所以信不祇是交接朋友的道德，所以孔子以「主忠信」敎人。

八、別

「君子之道，造端乎夫婦。」（中庸）在原始社會，有羣婚制，有雜婚制，乃至有母系社會，嚴格言之，皆不足謂夫婦制度已告完成。羣婚雜婚，於個人健康，於種族保存，似皆有害。我於我國邊民的婚姻制度，雖無系統研究，但據見聞所及，松理茂的夷族，及藏邊的土著，似是男女雜交，夫婦無別，故性命猖狂，種族衰弱。母系社會，人民知有母而不知有父，男子對婦女及幼稚，不具保護的責任心，如是的社會，易遭天然淘汰。所以文明世界，不見有母系的強國大國。夫婦制度，恐係確立於父系社會，必夫婦制度確立，夫婦始能有別。夫婦兩字，合成一集體名辭；所謂夫婦有別者，係謂此一雙男女配偶有別於其他各男女配偶，亦卽不雜交，不羣婚之謂。至此，而後人間的組織有其適當的基點。所以說「有夫婦然後有父子，有父子然後有君臣。」（易經）

一雙夫婦，對外須有別，相互之間，當然須能貞一；夫婦之間，如不貞一，則對於其他的夫婦，便隨而不能有別。所以易經恆卦說：「婦人貞吉，從一而終也。」從一有兩義，一爲專一，一爲不改嫁。改嫁之事，尤其夫死再嫁，以我所知，孔子並無反對之語。女子羞恥心重，一嫁不合，每不願再嫁；夫死之後，若有子女，則以愛護子女之故，更不肯改嫁。從一而終的終字，當是謂其與夫結合到底；至其夫已死而仍不改嫁，或係出於女子之卓越精神乃至利害打算，秦漢以前，女子再嫁，其事本極尋常。宋代以後，責難女子雖有時失諸過高，若女子自動守節，究屬無可非難，否則獨身主義者應該都是罪人。

或謂女子從一而終，何以男子可以多妻？男子多妻，有其事實的原因，我不願一一解說，致蹈擁護多妻制度的嫌疑。我衹願說明：（一）孔子以及孔子的高足弟子，據我所知，似乎無人實行多妻，或擁護多妻制。（二）多妻是一種已存的社會事實，有許多不合理想的事實，每每無法完全肅正，例如飲酒有害，人所共知，但是禁絕飲酒，竟不可能。禹雖惡旨酒，亦無如旨酒何！美國雖曾禁酒，而酒派終究勝利。（三）男子多妻，果爲失德，女子更當發揮其崇高精神，不當在此一點上，要求平等。所以主張女子從一而終，是將社會的希望寄托在女子身上。正如賈寶玉所說：男子是泥所作，女子是水所作。女清而男濁，女子應該「當仁不讓」。

或又謂「男正位乎外，女正位乎內」，將女子禁錮在家庭牢獄之內，殊屬無理。其實男女結合，是於一個共同目的之下（可姑謂爲維持家庭），用分工合作的方式，以求共同的福利。人生的急需，莫過於衣食；男子則耕種，女子則蠶桑；況且還有主中饋，主中饋不見得比耕田難。國家大事，唯祀與戎；祀則女子助祭，祇有戎，女子不參加，是女子體力弱，性情慈所使然。今後打仗，可以使用機器，殺人也不必目覩死傷的慘狀，女子參戰，必然可能。就是社會上其他的職業，因機器的使用，有許多也成爲女子體力所能勝任的。更加以國家有時感覺人力不足，動員勢必及於女子。所以今後的問題，恐怕不是爲女子要求平等，而是如何保護女子；不是如何與男子競爭，而是如何發揮女子的美德，去作男子所不能做的事，或糾正男子的醜惡。

男女既係分工，當然平等，何以要說：男尊女卑，夫唱婦隨？須知儒家的根本思想，是夫婦同體，無所輕重的，所以說：夫者、扶也；妻者、齊也。夫妻之間，以「相敬如賓」爲準則。相敬，所以平等。婦字，則是「有姑之辭」；婦者、服也，是說服事舅姑的。至於其他的論斷，則言各有當，須知其用意所在。易經咸卦說：「男下女」，婚姻之禮，男先求女；親迎之時，御輪三周，都是尊女卑男。大抵古禮的用意，對於女子，則保障其自尊之情；對於男子，則發揮其責任之感。男子負責，所以男子倡首；女子不負責，所以女子從隨。夫倡而婦不隨，男子至多狂跳一陣；婦有所主張而夫不從，女子簡直可以上弔。女子要保持尊嚴，必須少發主張。不但女子如此，便是國家的統治者，要保持尊嚴，也得讓他人先說，多說，自己少說，後說。

明乎此，則三從之義，無須反對。在家時，年齡尚幼，凡事由父親負責，當然從父。年二十，成人而嫁，對於丈夫，居於輔佐的地位；凡是丈夫責任以內的事，自己不要干涉（勸說可也）；自己責任內事，也當與丈夫相商，因爲夫婦是休戚相關，榮辱與共的。等到夫死，兒子成人，自己也老了，家事交由兒子負責，正是應該的，也是女子所樂意的。慈禧把持政權，不許光緒親政，豈不人人痛恨嗎？就女子的心情而一般言之，「丈夫祇有自己的好，兒子更祇有自己的好。」殺夫，殺子，世固有其事，但是那是極端反常的事例。女子總是願意爲丈夫與兒子而忍受一切的，祇要丈夫兒子不辜負此種心理，而人道定矣。

九、師

上面談了孝弟忠信別，對於五倫的基礎，已約略說明。師生這一種關係，也受先民的重視，後來且演爲「天地君親師」的五字神牌，却不在五倫之中，這是何故？原來師生一倫，到荀子手裏，才大加重視。荀子是主張外律的人，外面的規律是「禮」，外面的楷模是「師」，荀子特別重視「隆師尊禮」。人不可不學，尤其在主張性惡的人看來，人是更不可不學的。從誰學？從師學。學什麼？學禮——禮卽人生典範。學之一義爲覺——如白虎通所云；而朱晦翁下學之定義則爲效——摹倣。學當然須從摹倣起，所以我於荀子一派的價值，深深承認。我在敎育與人生一書上，勸學生信仰國法，信仰聖賢，信仰敎師，雖然是有所取於佛家之三寶，亦是有所領悟於荀子。不過在孔門的正統思想，人雖然不可無師，但是爲學究竟要靠自覺，自立，自成，便是一個小學生，其學習的成就也決於其自身的學習動機和學習努力，所以一切敎育，都是自己敎育。師祇是輔佐而已。於是，師的地位，不像荀子所認識的那麼重要。我想，在孔子眼中，師當列在友中，友之重要，孔子時常闡明；如「君子以文會友，以友輔仁」，於交友的目的和方法，豈不是兩言而盡嗎？

孔子多言友，少言師，也不是無原因的。原來所謂友者，相交的兩方，人格對立，各有其判斷和認識，其交相補益的方法是切磋。至於所謂師生者，師爲先覺，生爲未覺，未覺不能對抗先覺，祇好「信」先覺，「述」先覺，信與述，是文化所賴以綿延的；至於推進文化，則賴各人的獨立判斷和相互切磋，所以孔子不滿於弟子之僅以紹述爲事；他說：「予欲無言」。子貢說：「子如不言，則小子何述焉？」他說：「天何言哉？四時行焉，百物生焉。天何言哉？」（論語）他希望門弟子自覺自得，不要單學他人言語。顏淵是孔子所最喜歡的，但是孔子調侃他說：「回也，非助我者也，於吾言無所不悅。」（論語）可見弟子不當盲從，而且對於師，也當有所啓發。孔子告子夏以「繪事後素」，子夏有所感悟，問道：「禮後乎？」孔子很高興的說道：「起予者，商也，始可與言詩已矣。」（論語）這種相處的態度，確是一種理想的友誼態度。還不止此，也有弟子斥責老師的。子路問曰：「衞君待子而爲政，子將奚先？」孔子曰：「必也正名乎。」子路曰：「有是哉，子之迂也！」（論語）這句話，該是何等莽撞——今日大學生若對校長這樣講話，若是沒有集中營，也得入禁閉室吧！但在孔子，卻只以其人之道還諸其人之身，給他一個「野哉由也」！該是何等活潑坦率。

孟子也不大鼓勵人作師，他說：「人之患在好爲人師。」如果要爲師，必須自己能夠構成獨立的見解，能夠依己力以辨是非，才可。所以孔子說：「溫故而知新，可以爲師矣。」（論語）在爲師以後，在道義上，師比弟子，也無優越地位，所以說：「當仁不讓於師」。學問道德，原來兩無止境，孔子從不自足，求學之方，入德之門，彼此原不必一致，所以孔子從不教人「跟我來！」我不喜歡談什麼東方西方，如果學著說一句大話，我要說：東方精神尊敬人，所以聽人自覺；西方精神征服人，所以要人「信我」！唯有信我，始能得救。希特勒要救歐洲，要救世界，所以要人人信仰他。從希特勒的眼睛看來，世界的禍患，都是起於衆生不信仰我希特勒。希特勒毒苦人民，也無非由於一點「師心自用」罷了！

就知識說吧，一個人眞有的知識量，是與他自以爲有的知識量，成反比例的。愚人每自覺爲天下的大智。至於孔子呢？他說：「吾有知乎哉？無知也。有鄙夫問於我，空空如也。我叩其兩端而竭焉。」（論語）不懷成見，慢慢推敲，擇善而從，是爲師的正道，也是交友之良規。所以孔子對人，自居於切磋的地位，未嘗自命天使，矢口教訓人。

韓愈說：「弟子不必不如師，師不必賢於弟子。」可見在唐代人看來，師還無特別尊嚴。今者尊師之聲大作，我願師生之間，相視爲「同工合力」之人，而在師一方面，多幾分「愛人之意與愛智之情」，即所謂學不厭，誨不倦也。

一〇、約禮

孔子曰：「不學禮，無以立。」（論語）禮是行爲典範，不學行爲典範，無術立身處世。顏淵曰：「夫子循循然善誘人，博我以文，約我以禮。」夫用博文以致知，用約禮以制行，庶幾不至背叛人生大法。禮的學習，確是急務。國人偏要打倒禮敎，高呼所謂「吃人的禮敎」。禮法之中，誠然有些具有時代性，時代情況變遷，禮的形式便須改革。禮的作用，誠然有點拘束人，但是人之所以爲人，即在用人類所認識的正道，控制人類的卑劣衝動。如果不加控制，聽任卑劣衝動横決，定將退入野蠻境界，人類的文明必無從進展。所以禮法可改革，而不可打倒。可改革的，是形式；不可打倒的，是實質。

禮的實質是什麼？這是一個應有的問題。要用簡單的語句表明禮的本質，我想祇好用「秩序性」三字。禮的本質，就是秩序；禮的功用，就在穩定秩序。所謂「定上下，別嫌疑」，都無非是釐定秩序。秩序是將衆多的個人安排在一種有條不紊的境況上。人旣衆多，又各要活動，活動又不能不互相關涉，假使沒有一種安排，勢必牴拒衝突，不但無術相安，亦且要空耗許多精力，添加許多煩惱。秩序的佈置，有縱，卽直的關係；有橫，卽同輩的關係；禮便是安排此等關係的。

前面所談的孝弟忠信別，都是釐正人間關係的，所以都是禮的精意。禮的具體條目，都可據以推演而出。現在不必談此，單說人間縱的關係，有職權的上下，有品德的高低，有年齡的長幼；從而禮之安排秩序，便有「尙尊」、「尙賢」、「尙齒」的三大基據，所謂「天下有達尊三，爵一，齒一，德一。朝廷莫如爵，鄉黨莫如齒，輔世長民莫如德。」（孟子）是也。就人間橫的關係說，則彼此之間，最當「明分際」。分際就是人己的權界。立身應當嚴守權界，非其義也，非其道也，一毫不以與人，一毫不以取諸人。凡錢財、名譽、地位、權力等，若不當取而取，皆名曰盜，所以有盜名竊位之說。

嚴守分際，所以當戒「求」。春秋於求車、求金，皆致譏貶。因爲求之爲言，是得不得，不能定，與不與，決諸人的。求而不與，則我怨人；求而強使人與，則人怨我。兩者都足引起猜嫌仇恨。所以「不忮不求，何用不臧？——子路終身誦之。」（論語）今人喜求，尤喜強求，所以可受人求者莫不深以爲苦，結果不得不流於敷衍應付。有若干可受人求者，亦喜歡人之來求，以獲取「所識窮乏者得我」（孟子）的樂趣。有所施於人，而引以爲德，最足引起痛恨。人因力有所不足，而來求於我，其心已是不快，我更從而表露自己之有德於彼，彼勢必恨入骨髓。所以昔人重「陰德」。

求的反面爲讓。明分際當各尊權界，人不我侵，我不人犯，何以又要言讓呢？讓自有讓的時際。讓的正當時際，是對於同一物權，彼此都有取得的理由，或彼此之間，應當誰屬，難於確定，或欲按理確定，則紛擾太大，所以與其相爭，毋寧我讓。今人習於「自我伸張」，寧爭而不肯讓，所以乖戾之氣充滿人間，日倡精誠團結，而到底不和。

正秩序，定權界，是禮的本質，其根源在人心的愛人敬人。有人主張自然主義，以爲愛人就愛人，敬人就敬人，何必要什麼儀節！所謂「君子質而已矣，何以文爲？」便是古代的自然主義。不知自然主義不加以節文，是行不通的。例如人有喜慶，我當表示欣悅之忱，但是須當有一個範圍，具有一定的關係；如所謂族誼、鄉誼、學誼、世誼、黨誼之類，眞正有誼可言。若不問一切，拿著機關的名册，按名發散喜柬，受柬者不應酬，既恐得罪人，一一應酬，又實在來不及。所以今日的社交人物，大都有焦頭爛額之感。欲免此病，祇有依照禮文的秩序；秩序以外，不越禮擾人，亦不越禮娛人；秩序以內，雖實情不足，也當勉強致意。無其「質」，則用「文」以興起之；有其「質」，則用「文」以節制之。是謂文質彬彬。

禮爲人生所切要，其理須慢慢說明。大抵孔學有三宗，即是率性宗、博文宗、及約禮宗。我認識約禮宗重要的經過，詳記於大學通解的自序中。我少年時代，是一個受王陽明學說影響的人，敢於力行其心之所是。弱冠後，又受業於杜威，接受「獨立判斷」的啓示，所以運思持論，一無依傍。後來經患難的磨練，困心衡慮，始明瞭約禮的價值。教育與人生及大學通解兩書，都於此有所說明。我之有此，不得不感謝一切愛我、仇我、助我、陷我的人們。我在三十歲以前，過活於書本思想中，自三十歲左右起，才正視事實，使我獲有種種實際的見解。原來離棄事實，是不能有眞切知識的。

一一、失　敗

從世俗的見地言之，儒者的政治活動，命中註定，必歸失敗。就歷史觀察，自孔子、孟子、以至於程伊川、朱晦庵等，儘管所處時代不同，所遭際遇不同，而失敗終無二致。爲儒者一吐其氣的王陽明、曾文正，也是以見疑而終。一個諸葛孔明，算是得行其志，但是又有許多人斷定他是法家。從他的「鞠躬盡瘁，死而後已」的精神看來，從他的「淡泊明志，寧靜致遠」的素養看來，實在不能不列爲儒家。就世俗的意義言之，儒家成功如孔明者，實不可多得。此無他，以劉先主究竟是不世出的人傑，意趣能與他相合罷了！

儒者出而問政，本來抱著一份沈重心情，明知其「不可而爲之。」說他昧於世情吧，他又明說：「道之不行也，我知之矣！」（中庸）既知道之不行，便可以放下不問，潔身遠引，像長沮桀溺那般人，也可圖個自在。然而他又要說：「鳥獸不可與同羣，吾非斯人之徒與而誰與？」

(論語)進既明知其無成，退又不能恝然於心，此所以儒者周旋人世，帶有一番沈重心情，不能見喻於人人。所以孔子有「莫我知也夫」之歎。

既明知無成，何故又自苦乃爾？都是由於自心的規律性，而莫可得違。從義務方面說，則予乃天民之先覺者，以先覺覺後覺，是我的天職，豈可放棄，所以說「不仕無義」。從情感方面說，則中也養不中，才也養不才，此人才之所以可貴，豈能坐視斯民之陷溺而不加援手？從意志方面說，君子貴自強不息，可久乃可大，豈能自畫自弛，半途而廢。所以說：「任重而道遠——仁以爲己任，不亦重乎？死而後已，不亦遠乎？」（論語）儒者以此等內在的規律規制自己，所以明知失敗，而不能放棄。「志士不忘在溝壑，勇士不忘喪其元。」（孟子）以功名利達之妄想，積極有爲，及至結果反於所期，始怨望懊悔，是乃世俗之所爲。儒者則於動脚之時，便已知道必將跌入火坑；及至果然跌入火坑，則亦視爲固然，而漠然不以爲異。不然，你豈以爲文天祥、史可法那一般人都是傻子，都不知道自己的必然失敗嗎？他們根本沒有求成之心，他們祇是「盡其在己」而已。儒者的心傳秘訣，祇是「盡其在己」而已。盡其在己，又名爲「爲己」，又名爲「率性」，又名爲「盡性」。不知此理，不能窺見儒者精神的基礎。

儒者的政治活動，何故多數失敗？根本的原因，是由於儒者的不妥協精神。儒者在政治上有一套主張，名之曰道——道的內容，慢慢再談。他們的政治活動，爲的是要行道。「如有用我者，其爲東周乎？」（論語）他們有一定的主張和抱負，不能犧牲主張以換取權位，僥倖事功。

所以枉尺直尋，決然不爲；背棄軌則，以求詭遇，被目爲賤工。於是，儒者自身便沒有成功的把握，祇得將成敗利鈍，付之氣運一歎中。幸而天欲平治天下，則當權者的意趣與己相合，其志得行；不幸而與當權者意趣不相合，則不能拋棄自己的立場，以將順人君的意志。將順人君的意志，就是違反正道；違反正道，就是罪惡。欲行道於天下，而自己先陷入罪惡，這是何苦來呢！假使我主張正道，人君意旨又合乎正道，則是二人同心，無所謂將順了。

儒者必然失敗的又一原因，是見幾而作，決不留戀，亦不強刼人君，推行己意。主張實行無望時，便潔身遠引，從來不說：非幹不可。雖然自以爲當今之世，捨我其誰，亦從來不要別人滾開，讓他自己來。政權是希望掌握的，但是決不奪取，所以黯然。儒者承認人民的革命權，但是自己決不奪取政權，這又是什麼緣故呢？因爲政權的轉移，必出於握權者的授予，事勢的轉變，才不至於與人民以重大的痛苦。唐虞的禪讓，雖被奸雄所假借，然而天下非一家之天下，祇要不屠戮人民，政權的和平轉移，總比武力奪取好。周之剪商，由於累代積德，文王三分天下有其二，以服事殷，不操切以免擾民，所以孔子稱爲至德。後世轉移政權，大抵係權臣以武力自取。以平民一躍而掌握政權的，祇有漢高明太，但是人民苦於兵爭，實水深火熱。政權轉移，流血最少，在歷史上，當推民國之建立爲第一。今後若能採用英美依法授受制，人民幸福，可謂爲曠古所無。儒者「行一不義，殺一不辜，而得天下，皆不爲也。」（孟子）以無位無勢之身，奪取政權，祇有苦了人民，政權能否到手，人民能否受福，都是問題，所以儒者不爲。

總而言之，儒者在政治上，實處於仰人鼻息的地位，祇得「用之則行，舍之則藏。」（論語）但是儒者仰人鼻息，並不是為了自己的富貴利達，所以他無所求於人，而進退自如，行止自由。他雖有法寶，別人不讓他施展，他便守此法寶，以傳給後人；並將此愛世而無所圖的精神，表現給世人看，為天地間存貞元之氣。儒者的失敗。是眞失敗嗎？

一二、力行

「子以四教：文、行、忠、信。」文以求知，行以持身，忠以立己，信以接人。由知見之正確，求德性之優美，更出之以忠信的精神，可以達到完全的境界。四教以文爲首，學者遂認求知爲人生的首事。中庸說：「博學之，審問之，愼思之，明辨之，篤行之。」學問思辨的功夫，亦列在篤行之先，好似致知確當先於力行。然又何解於「行有餘力，則以學文」之說？孔子曰：「弟子入則孝，出則弟，謹而信，汎愛衆，而親仁。行有餘力，則以學文。」（論語）

如此矛盾的言語，須當會觀其全，以了解其立言時所依據的全般事境。原來記錄的人，將依據的事境省去，只抽出其精要語句，懸空觀察，便難索解。須知孔子及門弟子，皆學養有素，至少亦是成年之人，故重理智之啓發，追求知識，以指導行爲，故以學問思辨爲首事。其實知識無涯，非人所能窮盡；知識之探求，需要時間，而行爲之發動，須正當其時，故不能待知識具備，然後依其所知以制行。故就整個人生言之，當行有餘力，然後學文；就性格已定，探求治平軌道者言之，則學問思辨，當先於篤行。因爲性格已定，行爲有所依據；治平軌道，人羣安危所繫，亦不可從行中試學。國事不可供人實習。

控制行爲，有智慧、天性、風習三種力量。關於智慧與天性，往後再談。現在且說依風習以控制行爲，便是約禮之意。禮是民族集團智慧之所創造。個人的經歷思索都有限，個人的智慧，比較民族的智慧，眞渺小不可名狀。所以個人立身，當先汲取民族智慧，以爲立身的依據，待至對於民族智慧的某一方面已有深徹的了解，然後出其獨自的心得，以增益或修正集團的軌範；對於自己未經徹底研究之各方面，則仍然只有依據集團智慧所樹立的軌範。近代的科學精神，摒絕依傍，一依己見，以立判斷及主張。此一典則，祇可適用於自己專門研究的方面，若超此而外，定將陷入武斷、淺薄、粗疏之境。

人生不可一刻不行爲，行爲不可一刻無依據，向何處尋求依據？求之於一己？一己實在太渺小了！不知一己之渺小，不足以言進德修業。所以祇有向集團智慧尋求立身的依據。待至品格已成，行爲已能不迷其方，然後奮力於知識之探求，既有所守，然後始能有所得。行有餘力，則以學文的用意，是如此的。人生立身，先要培成優良的性格，性格由行爲的積集而成，行爲的依據要藉重於集團智慧所創設的禮——禮卽行爲公式。

明白此理，則可以了解復禮何以是爲仁的要務。顏淵問仁，孔子曰：「克己復禮爲仁。」請問其目，孔子曰：「非禮勿視，非禮勿聽，非禮勿言，非禮勿動。」從來學者，對於此語，重視克己實過於重視復禮。不知克己是治病，復禮是服藥，治病之事正在服藥。禮是行爲公式，是人與己所共同遵循的。待人祇須與待己用同一標準，便是廓然大公，便是仁。「己」有私，有慢；將私去掉，便是公；將慢去掉，便是和；將僻去掉，便是平。能公，能和，能平，可謂仁矣。所以學者入德的切實門徑，在使行爲合禮。

人生的修養，必須從行爲入手，不但是必要，而且也是一個切實可把握的處所。所以古者教童子，用灑掃以習任勞服務，用應對進退以習謙恭辭讓，而性格的基幹便由是樹立。有了優良的性格，才可獲得正確的知識。知識活動受支配於性格，性格有所偏僻者，其所見及的證據，皆是與其偏僻的性格相適合者；其不適合者，則視而不見，聽而不聞。此所以有許多偉大的學說，其漏洞可爲常識所抉發。而彼立說者的精密頭腦，反懵無所覺。可見用正當行爲以養成優良性格，亦爲致知的根本。欲變恢詭怪誕的學風，祇有從矯正行爲入手。原來士風與學風，不可分割。

在行爲上，小心的人，祇好依據集團智慧。在治學上，則祇有依據實際的事實。從行爲上認識的事實意義，才是建立學問的眞正基礎。中國學人，傳統的受捶鍊於文字之中；搬弄文字，是一切游談之根源。面對事實，則是非極易辨白。李子宗吾著厚黑學，建立其理論於性惡說上，而用稚子奪母親口中糖餠之一事實以爲明證，其方法甚是，其觀察則疏。因爲稚子奪糖，必在母親笑臉挑逗之時。笑臉挑逗，應之以搶奪，根本不具惡意，既不具惡意，行爲已經非惡，故不足以證成性惡說。吾言及此，無意於此刻討論性之善惡問題，祇是欲說明講學須正視事實；要正視事實，須有優良性格；要有優良性格，須從端正行爲入手。是爲行爲一元論。

一三、盡己

儒者既明知自己的抱負不合時宜，不投時好，爲什麼寧肯失敗而不肯改變主張呢？原來儒者的懷抱不以眼前爲極限，而置萬古生民的福利於其懷想之中，要「爲斯民立極」——極就是標準。他要爲萬代的生民樹立一個適當的標準，使人永遠知所懷想仰望，雖然事實上不見得有一日果能整個實現，但在人類的意念上終能流露一線曙光。「守先王之道，以待後之學者。」（孟子）是儒者苦心孤詣之所在。儒者不憂道之不行，而憂道之不傳。

儒者既不以實際功業之可能爲其努力之發動力，其所以能孜孜不懈，「知其不可而爲之，」乃是因爲儒者的根本精神，是建立在「盡己」之上。所以說「古之學者爲己」，所以說「人不知而不慍」。一切努力營爲，無非所以竭己之能，行心所安。能力既已竭盡，便覺毫無愧怍，對於成敗，概置不問；心果得安，便覺坦然無歉，不計人之詆毀。所以儒者心情恬靜，態度堅貞，行爲剛毅，不是外力所能動搖，不是禍福所能懾伏。所以三軍可奪其帥，匹夫不可奪其志。他的生活重心在內而不在外，所以他自己能主宰自己，所以他是自由之人。

或謂內心生活是生活在幻想中，是空中樓閣，是儒者的娛樂所，是逃避現實的機構。此種看法的謬誤，在觀念不清晰。我於病態心理，略有一二研究，於此中癥結，不難一語道破。內心生活與幻想生活的分水嶺，祇在行爲之有無。幻想的生活，以幻想自娛，不起實際的行動，一依其內在的懷想。任何一種形態的內心生活，都有他的一套實際行爲以相表證；沒有行爲表證的思想，是幻想，是空話，不但無關人世，亦且直可鄙視。便是六朝人的生活，也有他表裏一致的一套。

儒者的生活，絕對積極，而且自主的積極。所以說：進、吾自進也；止、吾自止也。儒者的主宰自己，一以義理爲歸宿，並非出於傲慢之氣。所以「自反而縮，雖千萬人，吾往矣。」（孟子）其功力所在，便在自反兩字。自反，便是自問以是否合理。如果自問合理，縱令舉世非笑，亦在所不顧。此所以千古以來，有許多仁人志士，冥心獨往，邁行所見，或則潛德不彰，或則孤詣不明，而到底不懈不廢，死而後已。儒者一生孜孜業業，一死才算交卷。所以曾子臨死，囑門人啓手啓足，然後自己得到一大安慰說：「而今而後，吾知免夫！」（論語）所謂免夫者，卽免於虧負義理之意。做人一生，果能無負義理，心中當然得大自在。做人一生，路程遙遠，想不虧負義理，談何容易；所以不能不戰戰兢兢，如臨深淵，如履薄冰。敢爲大言，祇是騙自己。

子路問孔子所志，孔子答以「老者安之，朋友信之，少者懷之。」（論語）這眞是：願使普天下人，各各都得其所。民胞物與的精神，便是由此而來。如此偉大的抱負，依據「責大則憂重」的公例，應該煩惱多端呀！然而孔子說：「君子坦蕩蕩，小人長戚戚；」曾點言志，願「浴乎沂，風乎舞雩，詠而歸；」孔子在聽了軍事家季路、財政家冉求、外交家公西華他們的高談大論之後，單單說：「吾與點也。」季路們有經世之心，曾點有樂天之懷。孔子有取於樂天之懷，未必便無經世之心嗎？必定不然。孔子是以樂天之懷，行其經世之志的。無經世之志者太藐小，無樂天之懷者太煩惱，孔子二而一之，此其所以偉大！

救世之志與樂天之懷，在理論上，又如何能二而一之呢？二而一之的思想根柢，便在：盡其在己。原來人生的志願，無論如何偉大，其實現的多少、有無，終受自己能力的制限；其在能力制限以外的事，祇得付之莫可如何之天，所以不在自己責任之內；旣不在自己責任之內，所以其實現與否，自己也就無所關懷了。自己所莫可如何的事，而要有所憂戚於其間，那何異爲世人祈求永久的幸福，而憂愁彗星與地球相撞呢？豈不是糊塗至極。

能力有兩種：一種是自己修習得來的，一種是求不得來的；前者如德智，後者如權勢。所以君子修德崇業，以盡其在己，居易俟命，以聽其在人。所以「用之則行，捨之則藏」，進退綽然有餘裕。所以「禹稷顏子，易地則皆然。」（孟子）事業有無，於人生價值，並無增減。

一四、同人

人生的一切努力，都是爲的發展自己的性能，使力無不盡，然後心可得安，是謂盡己。但是盡己須在人羣之中，也須取得旁人的協作。所以合羣同人之義，甚爲重要。在論語一書，第一句「學而時習之，不亦悅乎？」是說：爲學當有自得之樂趣。第二句「有朋自遠方來，不亦樂乎？」是說：當有同工合力，聲應氣求之樂趣。人生的整體，可從兩方面看：從本己方面看，則當盡己；從對人方面看，則當合羣。前者稱爲個己本位，後者稱爲社會本位。究竟的歸宿是一致的，個己離棄社會，則太渺小；社會離棄個己，則失其根源。

人情都願與人和順無忤，祇因各有傲慢之氣，合同乃大非易事。要想合同，便得忘我。所以孟子稱讚大舜說：「大舜有大焉，善與人同，舍己從人，樂取於人以爲善。」不湮沒別人所長，已非易事；拋棄自己的主張去順從他人，更非易事。人所藉以貢獻社會的，就在自己的主張，爲什麼要捨己從人呢？是必確實有見於人家的見解比我好，爲「服善」之故，順從人家。

因爲人都有傲慢之氣，「見解總是自己的好」，看不出世上有比自己高明的見解。所以要見眞理，不但須有大智慧，亦且須有好德性。就因此故，大舜値得被稱爲偉大。他的偉大，就在他的自卑，正如耶穌所言：自大的都變爲小，自小的都變爲大。

易經「同人」一卦，專講同人之理，每潛心玩味，未嘗不驚心動魄，而求欲與人同，其事大不容易。其卦辭云：「同人於野，亨；利涉大川，利君子貞。」本義曰：謂曠遠而無私也。我們察諸事實，與人同而有所私，有所暱，致令別人牽著鼻子走，而不得脫，那就成了別人的工具、走狗，失掉了本其主張以貢獻人羣的意義。所以同人在精神上，當保持曠遠的態度，超然自外，始能維護其主張，而語默自由。初爻：「同人於門，旡咎。」王弼注謂：「心旡係吝，通夫大同，出門皆同。」人當同於門外，與天下共見，閉門言同，都是營私黨與。因爲人與人所當同者，無非天下之公是公非，凡屬有志，皆可來同，故皎然與天下共。二爻：「同人於宗，吝。」宗之義爲主，我所擁護者，亦強人擁護之，是爲伸張自己，抹煞別人。人旣不服從，爭端必起，故爲吝道。都是說明人當同於公，不可同於私；當公開，不可關門。

利涉大川，意思就是創立大業。川非獨立所能濟，尤其是大川。澗溪小溝，個人可以獨渡，而須用舟楫去渡的小水，便必須有所賴於人；所渡之川愈大，所需同濟之人愈衆。所以有志大事業的人，不可不集合衆人。所以集會結社的權利，爲國民所不可無；剝奪集會結社的權利，便是削弱國民的能力，使其無可作爲。所以專制君主，必定禁止結黨，以確保政權的安全。人民無結黨的素養，一至朝政解紐，大家便亂殺一陣，殺到頭昏眼花，有一個沒被人殺的好漢存留着，大家便藉以喘息一下，其實天下的形勢，依然是「若朽索之馭六馬」。這便是兩千年來中國的政治形勢。

貞的意思有兩種：一種是堅貞，一種是貞正。創立大業，須有百折不撓的精神，所以必須堅貞，不可畏難而退。但是堅貞又非剛愎，堅貞而免於剛愎，便必須貞正，所以說：利君子貞。堅貞而失其正，則是至死不悟；貞正而不堅貞，則是不恆其德。「人而無恒，不可以作巫醫」，何況是涉大川，立大業。

有所同卽必有所異。渾然與世盡同，而絕無所異，那便是超然萬象之外，與「絕對」合德的至人，不是人世之所果有。人世的人，都生活在相對的世界之內，所以有所同卽有所異；有所異，卽是有所對立；有所對立，卽必有爭。納粹合舉國爲一黨，應該有同無異了！而納粹三番兩次實行清黨，足見同之中依然有異。要想做到絕對的同，祇好做到天下一人——那便是說：普天之下，祇有我一人，唯一無二，也便無所謂同了。總之，同與異，是相偕俱起的。世界上永遠有同，也便永遠有異。正義非獨家所能專賣；除上帝外，亦無人能見眞理的全面。所以我們還得放謙虛一點，承認異之存在。所以含弘是領導的秘訣，寬大是爲政的體要。

然而「容異」並非易事。假使容異容易，世界的歷史何至於是用血染成的。同人的三爻：「伏戎於莽，升其高陵，三歲不興。」四爻：「乘其墉，弗克攻，吉。」五爻：「同人先號咷而後笑，大師克相遇。」言同人而屢次說到兵爭殺伐之象，假使不留心納粹殘殺異己的過程，如何可以了解。大抵同人之事，自守之義，在見理明而執守堅，所以說：文明以健。待人之義，在通其志而勿淩以暴，所以三爻五爻，都因剛而有危；四爻反以柔德致吉。足見欲人與己同，當以柔德汲引之，不可以暴厲之氣刼持之。但是此義難明，所以同人一卦終以「同人於郊，无悔。」爾雅釋地、邑外謂之郊。同人於郊，卽今所謂站在外圍內，志固不得行，內爭亦不參與。同人之義，必要而萬難，國人宜虛心學習。

一五、思維

孔子曰：「學而不思則罔，思而不學則殆。」（論語）學與思，同等重要。思是靠己力推理以求得。學之意義，可勉強說是從自己或他人的經驗上求有所悟益。子路曰：「有民人焉，有社稷焉，何必讀書，然後爲學？」（論語）從實際參與政治上去增進識見，是爲從自己的經驗去求悟益；從書本上去揣摩體驗，是爲從他人的經驗去求悟益。讀書以廣識，卽事以窮理，皆稱曰學。學之中當然有思，不過就思之與學對立而言，則思是離開實務而懸想推究的，學是就事實推敲探索的。懸空的思維，無所部勒，可以陷入巖穴，而無以自拔。思想須受事實的約束，故曰：思而不學則殆。單有經驗而不加思維，則無以透過經驗之表面，而悟解其中含義，施以抽析分離，以備普偏綜括之用，故曰：學而不思則罔。

思與學，雖屬並重，但是人類知識畢竟建立在經驗之上。知識之推廣，畢竟須待經驗境界之開拓。況且綿亙的懸空思索，在無思索素養的初學，是極難支持的。所以與其瞑目思索，不如多就事實推敲。所以孔子說：「吾嘗終日不食，終夜不寢，以思，無益，不如學也。」（論語）新知獲取，有賴於經驗之推廣。自培根以來，科學之突飛猛進，誰都知道是得力於歸納法。我國學風，比較少於邏輯素養，若離棄經驗而致力懸空思索，勢將怪僻狂誕，無所不至。

即經驗之增知，又非摒去思維之謂。不事思維，縱有經驗，亦必淺薄，必須窮追到底，雞蛋裏問出碎骨來。孔子曰：「不曰如之何如之何者，吾末如之何也已矣。」（論語）凡事到前，視爲「就是這樣」，絕不追問其所以然者，終身衹能具有武斷的皮相之見，治事亦必爲流俗的浮議所播蕩。孔子往衞國去，看見人口衆多，歎了一聲，說道：「庶矣哉！」駕車的一位學生問道：「既庶矣，又何加焉？」不以既庶而止，要問進一步的辦法。孔子曰：「富之。」那位弟子還不罷休，又問：「既富矣，又何加焉？」孔子曰：「教之。」（論語）談至此，孔子身上恐怕已經揑著一把汗，怕他再來一個「又何加焉」，幸虧那位弟子不是笨伯，到此便不復再問。試想，治理國家，有什麼事不能包括在庶、富、敎三項之下？子貢也是能夠窮追到底的人，他向孔子問政。孔子曰：「足食，足兵，民信之矣。」子貢曰：「必不得已而去，於斯三者何先？」孔子曰：「去兵。」這一答案危險極了！但是在那樣的古怪問題之下，除此，又將怎樣置答？子貢還不放手，又問：「必不得已而去，於斯二者何先？」孔子走頭無路，祇得硬著頭皮說：「去食。」並補充一句說：「自古皆有死，民無信不立。」（論語）如此窮追到底的精神，是治學所不可少的。

孔子所示現的又一思索法，是思其反。「唐棣之華，翩其反而。豈不爾思，室是遠而。」(論語)孔子曰：「可與共學，未可與適道；可與適道，未可與立；可與立，未可與權。」(論語)立是有所執守，權是反於其所執守而仍合於義，能權是爲學的最終目的，所謂「從心所欲不踰矩」是也。欲能權，必須思其反，孔子曰：「有鄙夫問於我，空空如也。我叩其兩端而竭焉。」兩端就是相反的兩端。顯正必須破邪，於相反的兩端，必須窮竭其理，使無不盡之蘊；或於兩者各施修正，而加以綜合；或於兩者確見其一是一非，而有所去取於其間。執着成見，天地可毀，日月可壞，而已有的見解絕不肯反省修正。是爲迷信，是爲黑暗。

孔子所示現的又一思索法，爲一貫法。一貫卽是綜合，將矛盾加以調整，將散漫加以貫串，始能綜合；綜合始有體系，有體系，知識間的關係始能正確，然後於措諸實行之時，始不至害人誤事。片斷的知識，卽所謂一知半解，其害人甚於無知識。所以一貫的思索，體系的建立，甚有必要。孔子曾向子貢說：「賜也，汝以予爲多學而識（識卽記憶）之者歟？」對曰：「然。非歟？」孔子曰：「非也。予一以貫之。」（論語）多學而識之，誠然必要，但須更進一步以求其綜合條貫耳。子貢極富於綜合力，曾問孔子以「有一言而可以終身行之者乎？」人生境態，複雜多端，變化無常，子貢乃欲用一言以爲其最高信條，該是何等偉大的企圖。孔子答以「其恕乎。」又該是經過何等的反覆籌維。今人乃滑口讀過，豈不可惜。

吾國學人在周秦之際，頗致力於思想體系之建立。漢唐以事勢之逼，走入註疏途徑，宋代思索之風頗盛，其後又來往於註疏辭章之間，致今思索習尙，殊爲脆弱。今後欲學術昌明，固然可從培根、康德、愛因斯坦去學，而孔子所樹立的楷模，又何嘗不令人興奮！

一六、成仁

孔子曰：「無求生以害仁，有殺身以成仁。」（論語）前面說仁是眞實的生意，何以殺身之事可目爲成仁？仁是生機，假使當死而不死，則生機枯滅，人格消失；假使當死而死，縱令不談精神永存，而俯仰無愧，臨死之頃，確是獲得了大自在。宰予曾以爲三年之喪太長，想行一年期的短喪制，問於孔子。孔子曰：「食夫稻，衣夫錦，於汝安乎？」曰：「安。」孔子曰：「汝安則爲之。」宰予出去後，孔子曰：「予（宰予）之不仁也。」（論語）孔子以宰予安於淡忘爲不仁，可見仁有自得於心的意義。大學曰：「所謂誠其意者，毋自欺也；如惡惡臭，如好好色，此之謂自慊。」自慊卽人之根核。孟子論浩然之氣曰：「其爲氣也，至大至剛，以直養而無害，則塞於天地之間。」所謂直養而無害，卽是如好好色，如惡惡臭，亦卽是如分發展其生意；祇須生意得以遂行，於結果之爲禍爲福，是槪不置問的。所以子貢問伯夷叔齊怨乎？孔子曰：「求仁而得仁，又何怨？」所以正其誼不謀其利，明其道不計其功，是孔門的正統精神。所以仁是成己，盡己。所以仁者內省不疚。仁者立身的圭臬，祇是求所以無愧於心。若被迫而將有愧於心，則寧以一死相拚。

既知仁者祇是求無愧於心，可見仁者的道德規律都在內心之上，外界的富貴利達既不足以動之，內界的克伐怨欲亦不足以撓之。無愧於心，卽是生命之燃燒點。得了整個世界，而失了生命，這種所得，有什麼意義呢！所以「不義而富且貴，於我如浮雲。」（論語）克是好勝，伐是矜誇，怨是失其所求，欲是貪其所求。仁者的努力，是爲己所當爲，無意勝人；既是己所當爲，所以無足矜誇；失其正鵠，反求諸己，故能無怨；得與不得，決之於人者，本不當求，所以無欲。據此，可見仁者的精神狀態，其「主宰我」與其「受動我」渾然融合，絕無間隙；狀其活動，可謂爲「從心所欲不踰矩」；狀其形態，祇能說個喜怒哀樂之未發；狀其功力，則有不遷怒，不貳過，皆是主我統馭客我之狀態。所謂生意，卽存於此統馭努力之中。所謂成仁，卽以最大努力爲最後一次統馭之謂。所謂聖人，卽無須努力，不勉而中的狀態。是卽成熟狀態，是卽發育結果，是卽至誠。

從來言仁者，每偏注其情的一面，吾意其意志的一面實爲其根柢之所在。殺身成仁者，實企圖貫徹其意志而不計其艱阻者。孔子曰：「仁者必有勇。」又曰：「力行近乎仁。」仁就是行其心之所安，不行，無從言仁；行而昧心，更爲不仁。所以要發揮國民的有爲精神，必得尊重人民的自由，施行寬簡之政，勿爲煩瑣的干涉。

爲仁由己，成仁自然由己。一己的生命，除了道義，便是自己，亦無權取決，所謂「莫非命也，順受其正，」（孟子）便是死應合義；所謂君子不立乎巖牆之下，便是說自己不得輕生。至於他人，更有何權殺人？孔子曰：「子爲政，焉用殺？」又曰：「善人爲邦百年，亦可以勝殘去殺矣。」（論語）足見孔子否認人有殺人權；萬不得已而殺人，亦當哀矜而勿喜，亦當以生道殺之。以不敎民戰，是爲殺之以死道。殺人以謀自己的利益，是爲屠戶。

或謂無人有權犧牲他人生命，則國家何以有權徵收血稅。國家徵收血稅，欲獲得其道義上的理由，則第一國家作戰必須爲合乎正義的戰爭，第二國家使人民服兵役，必須儘量減免強迫的意味，多用敎育啓發的工夫，使人民樂於捨身衞國。生存固爲人生大欲，而所欲有甚於生存者。孔子說：「不敎而殺謂之虐，不戒視成謂之暴。」（論語），若不告訴理由，而強迫人去死，則簡直是民賊。民主政治，重在啓發民意，使人民發揚其自動精神與創造能力，以擔當公衆的艱鉅。即此一點尊重個人良心的意念，便足以保證民主國家風氣之比較清明。民主政治，承認人人的價值，尊重人人的良心，重視人人的自發努力。在道義上，足以成立的政體，祇有民本政治。孔子的聖王政治，不必待托爾斯泰勸告，我先民久已懷想。伯夷曰：虞夏湮沒兮，安歸？以暴易暴兮，不知其非！吾人何幸而生爲民國民，又何幸而親覩民主戰爭之勝利在望，惟以龍鍾之身，不克死於疆場，以求吾心之所安，是爲憾耳。

一七、主意

作人須先誠其意，人皆知之；致知須先立志，則知之者甚少。孔子的主意主義，自朱晦庵解大學，認定卽物窮理爲本，遂歸於晦暗。知行本是兩件事，欲使其合一，祇可從行的方面着手；若從知的方面着手，決難保證其必能成功。朱子雖然力主以卽物窮理爲本，但是同時又說：「進學須致知，涵養在居敬。」提出居敬工夫以補致知之不足，吾人切己體察，不能不承認居敬工夫之價值，然而畢竟落入居敬窮理之二元論。陸象山標出「先立乎其大」一義，於孔子主意之旨，有所發明，但對於意與知之關係，無大發明，使窮理工夫無術安排在其思想體系之內，而生輕視讀書之意，致謂：堯舜曾讀何書。吾人但須認清知識是行爲的工具，有志於行的人始能感覺知識之必要，而與起其追求的努力，便可證主意足以統知。

孟子有言：「自暴者不可與有爲，自棄者不可與有言。」無志的人，輕鬆淺易，於天下的眞是非，無深切的關注；於世間的眞利害，無嚴重的感覺。觀察探究，既不能周密、精細、綿亘，所得見解自難免於粗疏、淺薄、武斷；又加以不具求眞之實意，好假借一二口實以掩護其成見，或支持其剽竊之說。言科學，吸取科學知識尙不足，必須講求科學方法；講求科學方法尙不足，必須培養科學態度；培養科學態度便涉及行的範圍，便非誠意、立志不可。言求知，必須立志，此理不明，眞理不昌。

孔子之主意主義，留心體察，隨處可見。即如大學一書，朱子以來，人皆認爲其根本工夫在窮理。假使根本工夫果在窮理，則何解於「自天子以至於庶人，壹是皆以修身爲本。」何謂修身？修身便是整飭性格；身字約等於今所謂人格，或性格，不是身體之身。大學身不得其正，一代大儒，且謂此身字當作心字，足見讀書只在字面上打轉，不體察字的實意，雖在大學者，亦難免弄出笑話。曾有一位漢學家，講論語「浴乎沂」一句，說大大小小一羣人，一齊在沂水內赤身露體洗澡，成何狀態？此浴字乃是壞字，浴應爲沿；沿着沂水走，有遊山玩水之樂。這位漢學家的理學氣味太重，我想告訴他說：他們浴乎沂的時候，也許帶有泗水衣呵！

修身是整飭性格，性格又如何整飭？整飭性格，只有用整飭的行爲。機械的行爲，不能養成堅固的性格；養成堅固性格的，只有志願的行爲，所以大學言修齊治平格致誠正，實以誠意爲其樞機，試玩原本大學即可得見。至於以誠意爲基軸，又如何安排格物致知，則拙著大學通解有所解說，今不之及。總言之，求知須先有優良性格，無優良性格者，無術窺見光明。富有之人，既驕且吝，所以富人進天國，比駱駝穿針孔還難。一個時代，風尚如果偏僻，時代中人難於有正確的識見，此理前已談過。此際所欲說明的，是：不談立行，單說求知，亦非有正大高尚的志向不可。

求知本來是意志的發動，所以說：人一之，己百之；人十之，己千之——雖愚必明，雖柔必強。大抵吾國學者爲學，注重三個字：曰志，曰勤，曰恆。有求知之志，又勤於求，恆於求，則鐵棒磨成針，有志竟成。爲學的人，患在志不立；志既有矣，又患在志不大不高，以一知半解而自足，以高出世俗而自滿。淺言之，不能與第一流學者相頡頏；深言之，不能以開發眞理爲己任。所以其志易滿，其器易盈。

孔子曰：「志於道。」又曰：「吾十有五而志於學。」學就立體言，道就對象言；所學卽是道。道的意義，無論假定爲眞理，或正軌皆可，皆認爲是至善至美之標準。吾人立志，努力追求此至善至美之標準，而不折不扣；一有折扣，便墮入第二流。孔子曰：「士志於道，而恥惡衣惡食者，未足與議也。」（論語）人果能鍾心於理想之追求，則世俗之見不入其心，超凡又能入聖。人生在青年時代，須能超出凡俗；及其問世以後，又當「由聖入凡」。由聖入凡之人，身在凡中，其意不凡。

在童年時代，唯當從事正當的行爲，以養成良善的習慣。及至理智稍啓，便當樹立理想，使其習慣與理智漸歸融合，是卽立志。志既立，行爲依據此正確的軌範以前進，而正確的智慧，乃逐漸發生。由志定行，由行生慧，是爲一定之理。孔子曰：「吾十有五而志於學，三十而立，四十而不惑，五十而知天命，六十而耳順，七十而從心所欲不踰矩。」（論語）志與立，皆意志之事。不惑與知天命與耳順，皆智慧之事。從心所欲不踰矩，則志與智慧、德慧俱足。所以立志，是根本工夫。所以論語記孔子言志之處甚多。立志卽是誠意。

一八、率性

人生以立志誠意爲修行的首事。人性亦以活動爲構成的基素；換言之，人性的根柢，卽在意志。中庸言率性，性如何率？率性便是依着自性去活動，所以說：率性之謂道。道是人所遵循的軌則。軌則的基礎安在？卽在依着自性去活動，離了活動，無從見性。所以人性的根柢在意志。明白此理，便可明白論語所以常言志，大學所以重誠意，孟子所以重卽其已發之善端而擴充之。易言「天行健，君子以自強不息。」天行之健，見於「元亨利貞」。元卽意志之發動，亨卽意志之開展，利卽意志之遂成，貞卽意志之堅固。宇宙是綿亙的演化，人生是不斷的活動。

或謂人生有生有死，有動有靜。生與動，可說是意志的活動；死與靜，應當是意志的休止。其實生死動靜都是依一定的據點以立言的，意志只有盈虛消長，沒有休止死滅。人之死，是依據人生的統一活動而立言的；所謂死，便是說它喪失了平常的主動性與統一性。其實在死的狀態下，人身的構成原素依然有其各個的活動，所以生死不過是宇宙演化的一種盈虛消長。動是意志的發展，靜亦是意志活動的一種形態，動靜都是相對的說法。睡眠對覺醒說，是靜；在睡眠中，不但身體活動未曾停止，卽精神活動亦未停止。又如瓦石，似是靜的，但就物理學言之，瓦石正是活動集團。所以宇宙演化卽是意志的盈虛消長。自從樂記說「人生而靜」，讀者不察動靜的相對義，遂使孔學蒙上一層雲霧。

世間哲人，有否定意志的，視意志活動爲苦惱根源。欲停止意志活動，使人心如一塘秋水，不起皺紋。水之性爲流，不流不波，是因地平，是因堤障，是因風靜。不流不波，爲狀誠然很美；但是遇低而流，又有何惡？意志本來活動，何故加以停止？意志本來存在，何故予以否定？主張否定意志的人，認爲意志是盲目的；正因其是盲目的，所以是煩惱之淵源。欲消除煩惱，只好從根本上否定意志。此中所含問題有二：一爲煩惱之發生，一爲意志與理智不相融洽。有眞實性的煩惱，又產生於意志與理智之不融洽。例如戰爭，乃理智所否認，而爲意志所發動。

意志是盲目的，而人類又有反照的能力，將其智慧靈光，反照在意志上，見其有種種缺憾，便感覺煩惱，想根本消滅意志，佛家涅槃之說，卽是此意。就個人精神言之，我信涅槃境界，是可以達到的；惟欲以意志之穩定，而控制三世，超脫輪廻，已是難於置論；而欲以一己之力停止整個宇宙之意志活動，則似可斷言其不可能。佛家對於聖德的威力，似乎太看大了一點。宇宙意志，既不能根本否定，個人意志又何必與宇宙相違而求其消滅？儒者將人道與天道打成一片，天道既健行，人道亦悠久活動。儒者只是企圖控導其意志。

我們但須略自反照，便可看見自己精神上有些卑污成份，而使自己感覺不安。就此感覺不安之一種事實言之，便見得人性是善；自此等卑污成份觀之，便見得人性是惡。孟子就善的方面說，所以說擴充，所以說存養。荀子就惡的方面說，所以說化性起僞。其實事實的眞相，是要自己控導自己。假使所謂「一體矛盾」說有其眞實時，它的眞實當莫過於用在描寫人的精神生活上。人的精神生活，是在矛盾中不斷的長進。孟子所謂養其小體爲小人，養其大體爲大人，便是表明小體大體之矛盾。此一矛盾，如何消解，便成各種形態的人生觀。有放縱小體的，便成享樂派；有迫害小體的，便成禁慾派；有調融小體大體的，便是中庸派。

要控導自己而加以調融，須先有反照的工夫。反照便是自省。論語第一章言學，第二章言仁，第三章言自省。自省在書中所佔位置如此其高，恐不是無故的吧？原來人有生而氣質清明者，生知安行，矛盾甚少，或至竟無。人有生而昏濁者，安於下流，矛盾亦少，甚至於無。唯有一般中人，則矛盾意識最多。消除矛盾，只有自省。自省卽是依據理性所示之正軌而對於當前之意志施以批判，予以獎懲，幷進而爲遷善徙義之行。所以自省，自訟，自疚，都有必要。所以孟子說：「思則得之。」

孔子曰：「性相近，習相遠。」習就是努力活動；繼續不斷的努力活動，就是自強不息。自強不息，然後自己控導自己臻於純熟，而性的發展得以高遠。所以剛健之德，至爲重要。孔子曰：「吾未見剛者。」或對曰：「申棖。」孔子曰：「棖也慾，焉得剛。」（論語）今人知重積極有爲，目寡慾之說爲消極。孟子曰：「養心莫善於寡慾」，慾不寡，種種行爲都自低劣的動機發生出來。必清明在躬，志氣乃能如神。心情不淡泊，理性不能發揮其控導作用；放縱低劣的衝動，反說性惡，性不任咎。率性不只是消極順從，而是自己控導自己。其關鍵，就在控導，控導依然出於自性。卽此控導一端，便可見性善。孟子運控導於擴充之中，故爲善言性。荀子以從順爲率性，故力言人爲。人爲者，我爲也，亦卽由我施以控導也。

一九、性善

孔子曰：「性相近，習相遠。」「習」含有努力活動的意義，「遠」含有歷程綿亙的意義。是爲孔子性論的兩大涵義，惜乎讀者不曾深思。性必有表現，性的表現，就在行爲上。離了行爲活動，要觀察不動的性，試問將如何觀察？譬如樹有生性，我們如何知之？我們持一粒樹種，而斷定此粒種子含有生長之性，此粒種子所具生長之性潛伏未動，吾人從何見之？吾人只是於往日見過同類種子生長成爲大樹，便認定所持種粒含有生長之性。我們實際是從發展的結果上去觀察樹性。所謂習相遠，便是說由活動積累之精粗久暫，發展歷程所至之處有長有短，有遠有近。孔子的性論，是發展論。發展即是善。所以易曰：「繼之者善也。」所以詩云：「維天之命，於穆不已。」所以「天行健，君子以自強不息。」

或謂發展可在善的途徑上，亦可在惡的途徑上。不知惡的發展，其終局爲死亡，爲毀滅，所以不當稱爲發展。發展是不已的，是不息的；換言之，發展是不朽的，發展是永生的。唯有在永生途中的發展，才是發展，所以發展卽是善，所以肯爲善，便是善。習有努力作爲之意，習有統馭宰制之意。自己要統制自己人格發展的途徑，意志力須發揮其主動性，須用自己的意志統制自己的行動。荀子言性，重視僞，重視習，正是承受此意。人們看見他有性惡之語，便認定他主張性惡，其實他說：「人之性惡，其善者僞也。」讀者只讀了半句，下半句「其善者」當作何解？豈不是指着人之性嗎？豈不是說：人性中的善者就在努力習爲嗎？儘管吾生的禀賦，在吾人反省時，有許多點令人歉然，但是卽因有此歉然之情，乃企圖加以控導，而走入向上的途程。控導者是主我，被控導者是客我。例如欲飲食，是客我；對此飲食之欲而施行批判與統制的，是主我。就主我的批判作用與統制作用看，人性確然是善的。

世人喜舉人之多貪、多詐、多暴，以證明人之性惡。如果了解看人性須就主我統馭客我這一點上看，則此種敍述客我上弱點的辦法，便無復採用的餘地。荀子說了好幾個「順是，故……」，並非要證成性惡，乃是要顯出習爲（僞）之重要。荀子所重視的，正在習爲。或謂孟子舉四端以證成性善，豈非亦是屢舉客我上的質點嗎？有人想另加一點，以構成五端，如漢人所謂仁義禮智信，甚至如今人欲增成六端、七端、乃至無數端，豈非都是應有的事嗎？

此一疑問，殆爲今日一流行之疑問，吾人讀書，若稍稍透過字面，便可看出孟子所謂四端，是增不得，減不得的。四端乃是四種主動的活動，並非客我上的質點。惻隱之心，是反乎自私的，是黏合人我的；羞惡之心，是反乎自棄的，是策勵向上的；辭讓之心，是反乎自慢的，是收斂緊約作用；是非之心，是反乎自肆的，是理性控導作用。黏合人我，則民胞物與，四海一家；努力向上，則蒸蒸日進，發展遠大；收斂緊約，則人人自由，皆大愉快；理性控導，則惡魔被囚，光明顯露。人生最寶貴的心能，只此四者；漢儒添一個信，確是畫蛇添足。宋儒說信如五行之土寄旺於前四者，亦欠謹嚴。信者，實也。仁義禮智不實不信，則不得謂爲仁義禮智矣。此四者皆人心生有的主宰功能，只要此等功能得以遂行其活動，人性的眞態便顯。

據此看來，人生的要務在習，在爲，在學，在志，在向上。「困而不學，民斯爲下矣。」「人之生也直，罔之生也幸而免。」（論語）立教之人便教人努力向上可矣，何必談此玄遠之人性善惡問題。不知人性善惡有絕大關係，不得不談。試問努力向上，係出於人性之自然乎？抑必受外力逼迫始能然乎？如努力向上係出於人性之自然，則人性可以信賴，生活可以活潑，政治可以寬簡。如努力向上必待外力逼迫始能然，則人類無自動向上的能力，必須由「超人」驅策之，必須用刑威刼持之，必須用獎賞引誘之。所以人類是絕無價值之物，或生或死，或多或少，皆無足輕重。所以荀子立說，措辭矯急，遂成李斯輩慘刻寡恩之學。納粹否定個人的價值，故視民如機器。惟有認定人性善，人纔可愛！人纔可敬！人生纔値得生存！人人纔能與上帝同在！

二〇、解　蔽

「解蔽」是認識事理的必要工夫。在荀子名爲「解蔽」，在大學名爲「正心」。孔子曰：「愛之欲其生，惡之欲其死；旣欲其生，又欲其死，是惑也。」（論語）解蔽卽是除「惑」，無論研究學問，或實際活動，都得時時謹防陷入惑中而愛惡用事。今人視正心工夫爲迂闊，以爲無關世運。依我二十年來的觀察，說有人存心害人害國，一般言之，是有點寃枉的。大多數人的弱點，是果於自信，勇於駡人，各執己之所見，認爲是非標準在此，不肯就別人所見，一加思索；彼此以凌駕之心相向，以傲慢之情相待，眞理如何能明？是非如何能定？

我們須有一個根本認識，就是：左右認識而支配行爲的，在個人，是自己的性格；在民衆，是時代的習尙。同一事理，有人了解，有人不能領悟，卽是因爲個人性格的不同，不一定是由於推理過程歧異，所以結論不能一致。若對於一個爭論的問題，肯共摒成見，各禁浮談，使觀念明晰，推論謹嚴，結論必可一致，或近於一致。人類大病，在愛其所好，而不愛眞理。納粹政策，更是鼓勵人民，固執其所喜，閉着眼睛，硬說眞理確實如彼所見。卽此便是禍世之根。

性格支配認識，欲明眞理，必須修德。積累修爲，培成良德，性格平正，眞理始能入目。否則視而不見，聽而不聞，食而不知其味。當前所見，所聞，所知，皆其所原已見，原已聞，原已知；——質言之，卽所見、所聞、所知皆其原有之成見也。戴黃色眼鏡，則一切皆黃；戴藍色眼鏡，則萬象皆藍。欲知眞相，須當放下眼鏡，親切地看。放下眼鏡，便是正心，便是解蔽。所以正心是認識的必要工夫。

正心之說，並不是儒者一家之見，一切愛眞理的人們，都知道正心的價值；求眞理的人，尤其研究社會科學的人，都有親切的經驗，了解與情感偏見相抗爭之痛苦。一個學者樹立學說，其經過的程序，往往是先有一定的見解（與感情相合的見解），然後去搜求證成此一見解的論據；對於不利於所持見解的論據，則不願看見，因而也就不能看見。所以從反面去勘察，是求眞理的必要方術。自己所悟，是一端，對方所持，又是一端，就此兩端而嚴格推敲之，平心衡量之，卽是叩其兩端而竭焉，是孔子垂示的正心規範。

發揚現代科學精神的，誰都知道是培根。培根的打倒偶像論，尤爲國人所樂道。培根說偶像有四種：第一是部落偶像，卽人類共有之假設，亦卽歷史因襲之成見；第二是巖穴偶像，卽由個人心習而來之偏見，亦卽個人獨有的成見；第三是市場偶像，卽由言語暗示而成的偏見，亦卽世俗流行的成見；第四是劇場偶像，即哲學的武斷，亦即學者的偏見。欲求眞理，必須掃除這四種偶像。古人說：須把心地打掃乾淨——一句話，就夠了。正心兩字，尤其是簡括的標語。

時人又喜言科學精神。科學精神，第一是尙眞，願意爲眞理而拚命，一切可放棄，唯眞理不可放棄；第二是客觀，客觀即是將自己心地打掃得空空洞洞的。國人大病，正在「勇於持說，怯於求眞。」種種壁壘，都由此而起；種種糾紛，都由此而無法爬梳。爲復興計，我們應當來一個大掃除——掃除心地的垃圾。

「八股鬼」爲禍之烈，人所深知。八股鬼是怎樣的一個東西呢？八股的立論根據，是一個莫明其妙的大前題——破題。八股的論證，是無邏輯關聯的觀念結合。此種八股醜態，並非原於中國人推理能力有其先天的不足症，乃由於時代愛好文辭之美，但須文字淸麗奇雋，便是羌無實意，也覺得優美。風習一成，人人從事擺弄文字的虛玄，實學遂無從昌明。所以要發達科學，八股心情，也得掃除。

求眞當正心，治事亦當解蔽。作事必須有人合作，與人合作必須識人、取人，取人必取與自己性格相近的人；對於與自己性格相違的人，是不易加以拔取信任的。所以中庸說：「爲政在人，取人以身。」誰能於其取用的人，不認定是賢才呢？只是賢其賢，才其才，而非眞正的賢才耳。人都是用自己的標準去衡量人；自己本人是怎樣的人，便認定怎樣的人是賢才。這就是性格支配認識的另一例證。又如在協商性格未曾培成以前，合議政治如何能確切施行？在守法性格未培成以前，法治如何能切實樹立？所以德治並不迂闊，而正心工夫也不是無關世運的主觀活動。觀察事理，須能見其根柢，浮泛之談，無益有害。

二一、仁

性是就人的稟賦說，仁是就性的內容說。仁是什麼？樊遲問仁，孔子曰：「愛人」。韓文公因而謂：「博愛之謂仁」。今人尤喜持與釋迦之慈悲及耶穌之博愛乃至墨翟之兼愛相對照，其實博愛不足以盡仁之含蘊。後來程子以「廓然而大公」形容仁，並以人身之血脈流通譬喻人己間的貫徹，仁者的局度始明。朱子說：「仁是心之德，愛之理。」使理與愛融合為一，已是一大發現，而謂仁為心之德，更能指出仁之根源。但是仁之為德，又是何如之德呢？就根源上言之，仁是生意，仁是眞意；合言之，便是眞實的生意。順此眞實的生意，向前發展，向上長育，便是「為仁」。

論語言仁之處甚多，從來言仁者，每僅注意其顯要之語，如「克己復禮」、「己欲立而立人」之類。我們試一觀察其易受人忽視之語，或於了解仁之意義，不無益處。孔子曰：「巧言令色，鮮矣仁！」又曰：「仁者先難而後獲。」又曰：「仁者其言也訒。」又曰：「力行近乎仁。」（中庸）又曰：「仁者不憂。」試將此等言語加以推究，而求有以貫通之。巧言令色之人，務求取悅於人，每每對人不具眞意。不具眞意，卽是不仁。先人而爲其難，後人而享其利，仁者何故乃爾？只因自心實意迸發，不得不然，非生意充沛者難與言此。人有愛說話的嗜好，說話而有責任心，便不得不艱澀，此種不願誤人之意，卽是仁者之存心。力行所以表現自己的心性，將自己的心性如實表現出來，便是發展其生意。所以力行近乎仁。憂者何？預愁未來的成敗得失也。仁者只是行其自心所認爲當行之事，至於得失成敗皆非一己所能控制，所以概置勿問。由此等教言看來，借用一句現代話，仁卽是「生之衝動」。完成自己的生意，是仁的根源；完成人人的生意，是仁的功能。仁中有情感，而意志則爲其根柢，行動則爲其器械，故仁者尙力行，尙利他之行，尙無所自利之行。而其關鍵，則在理智的燭照，使自心覺察正義之所在，而不得不圖有所利益於人羣。

中庸曰：「成己，仁也；成物，知也。」世人常以濟物利世爲仁，而此處獨以成己爲仁，何故？漢儒謂仁爲「相人偶」，是否與此語相反？須知一切利人的行爲，皆是出於自心的策動，無非所以踐履自心的命令，滿足自心的要求；利人正所以成己。若背棄自心的命令，便是自心失其主宰力，且將流入「心死」的慘狀；心死卽是不仁。所以說：成己，仁也；卽是謂：生機活潑。「成物，知也。」又作何解？徹底言之，成己成物，本是一事，所以中庸此處續曰：「性之德也，合外內之道也。」內而成己，是性之德——德卽本質；外而成物，亦是性之德。愛人成己，都出於性之德。然則成己成物，何以又有仁智（原作知）之分呢？成己是發於生之衝動，是原始的，是第一次的；成物是發於理性命令，是繼起的，是第二次的。理性卽孟子所謂「是非之心」者，雖然亦是性之一德，但理性的作用是燭照，它能轉變人的行程；人的生之衝動，經過理性燭照以後，纔能「己欲立而立人，己欲達而達人」，纔能「老吾老以及人之老，幼吾幼以及人之幼。」所以成物是出於理性的命令。

依上所論，仁卽生機，仁卽實意。萬物同有其眞實的生意，發展此眞實的生意，便能以四海爲一家，摩頂放踵以利天下；斲喪此眞實的生意，便將口腹不相顧，手足不相關，而人格瓦解。所以人生以保持此眞意爲第一義，所以善良的政治必不強迫人民喪失其眞純。自由的價值，便在聽人行其心之所命；唯一的制限，在勿侵害他人。一個眞意充實的人，在不能行其心之所令之政治情況下，是簡直不能活下去的。所以說：不自由，毋寧死！納粹的最大罪惡，便在迫人作僞。耶穌痛惡法利賽人，便是因爲他們的僞善。僞善發起酵來，是可以毀滅整個世界的。大學教人勿自欺，是示人以修德的要領。中庸說：「誠者，物之終始。」是告人以經世的大道。世上充滿愛國聲，革命聲，救人聲，但是果皆出於眞實之生意嗎？——不誠無物！

二二、恕

欲與人同，須克制傲慢之氣，將自己與他人置於同一標準之下。待人如己，是卽爲恕。恕的常用注釋，是：「己所不欲，勿施於人。」己所不欲，勿施於人，是一個消極的誥誡。爲什麼不用積極的命令，而敎人施人如己所欲呢？施人如己所欲，用邏輯的換質法，從肯定變爲否定的形式，而不變其意義，便得到己所不欲，勿施於人之論式；可見在意義上，兩者是一致的。不過在精神上兩者依然有所出入：一個着重在對人有所作爲——施；一個着重在對人無所作爲——勿施。有所施於人，是認定受施之人爲弱者，爲不能自濟者；無所施於人，是認定對方之人是力能自助者，吾人祇須勿侵害他勿干擾他而已。有所施於人，是出之以慈悲憐憫的心情；無所施於人，是出之以尊重正義的精神。人不如我之強，故我得對之有所施；人與我相等，故我得尊之敬之。推人不如我之心，則將處處以己之所是強加於人，以愛人之名，行凌人之實。推人我相等之心，則處處尊己亦復重人，彼此旣屬平等，相互又不侵犯，恕道的社會，是自由平等的社會。恕道是建立在敬人的精神之上者，與建立在愛人的精神之上者不同。其實最大的愛，莫過於敬——尊重對方的利益，承認對方的人格，是卽敬人，亦卽愛人。慈母的純善的愛在重視子女的利益與價値，不在強子女食其所不欲食，而衣其所不欲衣。所以仲弓問仁，孔子曰：「出門如見大賓，使民如承大祭；己所不欲，勿施於人。」敬是愛的必要因素。愛人必須尊重對方的自決權，不可視對方爲工具——只有執行我的意志之一機能。所以不干涉他人，爲人人成己之條件，亦爲人人利他之範圍。

人待人，應當遵守何種準則？當然應遵守公準——禮。但是禮之條目紛繁，其綱領又安在？禮之綱領爲敬。曲禮曰：「毋不敬！」敬是徧存於一切禮法中的共同因素。揖讓進退，是表現敬意的。不侵犯人的身體、名譽、乃至財產，亦非具有敬意不可。恕道建立在敬之上，所以子貢問有一言可以終身行之者乎？孔子答曰：「其恕乎？」

人間的禮法多端。但是禮法本諸人情，人情雖各有所偏，相去大抵不遠。己之所好，未必卽爲人之所好，所以施人如己所欲，有時未免以愛人之心爲苦人之行。己之所不好，則絕無理由反認之爲他人之所好，所以己所不欲勿施於人，乃一簡捷而安全的控制器。誠能不施人以己所不欲，世間必無害人凌人之事，而人皆各得其所。所以大學談政治，而闡揚絜矩之道，曰：「所惡於上，毋以使下；所惡於下，毋以事上；所惡於前，毋以先後；所惡於後，毋以從前；所惡於右，毋以交於左；所惡於左，毋以交於右。」待人的標準，不必遠求，便求之於自己本身的好惡而已。禮法建立在人情之上。吾人用何種方法了解他人的心情？了解他人，祇有用自己作類推的根據。所以知人當先知己。所以吾人所了解的他人，祇是自己了解自身的反照。所以發育不完滿者其心目中的人格皆卑鄙庸劣。所以「無忠行不出恕來。」所以用己之心，推人之心，亦祇是一個大致不差的尺度。隨各人發育之高低，此一尺度是有所出入的。各人的發育不能絕對一致，所以各人的尺度，畢竟有其主觀性，各人的世界畢竟不能完全同一。各人的基本構造大體相同，所以彼此之間究有若干互相了解之可能，所以不至於彼亦一是非，此亦一是非，而絕無相合之中點；所以不至於以「個人爲萬物之尺度。」

己所不欲，勿施於人，是對人的根本義務。吾人以何理由而接受此種義務呢？或主手段說，謂我如何待人，人亦將如何待我；或主連帶說，謂害人卽害己，皆是義外說，我們無暇批評。我們祇願指出孔門的解答，是認定人人皆有仁心（惻隱之心），皆有理性（是非之心），皆有敬意（辭讓之心），皆有自我批判之心（羞惡之心），自然要求自己待人如己；假使待人苛於待己，則自覺鄙陋，不合理，而甚以爲可恥。所以對人的義務，依然是自己強加諸自己的，而不是他人所加諸自己的。一個整個的自我，分裂爲對立的兩方，自己批判自己，自己控制自己，自己鞭策自己，於對立之中，又保持其統一的向上活動。此一奇妙的現象，卽人類生命之所在，亦卽孔學基礎之所在。

二三、知　止

有適當的性格，始有正確的認識，行爲始能適當。但是欲有適當的性格，又必何如而後可呢？性格是從行爲積累而來的，欲性格適當，須用行爲以培養之。有適當行爲，始可培成適當性格，始可保證有適當行爲。兩者互爲因果，在實際上又將從何着手？行爲欲其適當，依恃天生的衝動，是很危險的；因爲儘管人性是善的，而人性之發動，不能每次皆恰到好處，認邪念爲正念者，往往有之。內心的衝動，不加以理性的反照，而逕情直行，危險實不可言狀。人間事象，複雜錯綜，所以世間事理，瞻之在前，忽焉在後。於事理之節文，必講辨明白，然後在處置上，不至差以毫釐，謬以千里。所以「信賴人性」之呼聲雖然有時高唱入雲，而浪漫主義亦曾澎湃一時，而統觀全局，終覺人性之所信賴者祇有理性；人生所可不顧一切而拚命以赴者，亦祇有人類集團智慧所公認之大經大法。

人類集團智慧所公認的大經大法，是卽人間的行爲公式，是卽所謂止。人生急務卽在學習此等公式，卽在知止。人生必須於人類文明水準上所確立的標準，能奉而行之，始能成爲文明社會之一員，而不至於有所損害於社會之文明。至於超越社會文明而更爲前進，則是既已達到文明水準以後，更運用理智以批判文明標準而發現其中有所缺欠，乃發爲糾正彌補的企圖。絕無人能離棄理智而有所裨益於文明，亦無人於未臻文明水準以前，卽能超越文明而自爲任意的活動，不生危害。當然，處處謹守公式，毫無出入之餘地，使人絕無錯誤之可能，絕無罪惡之嘗試，則對於人生軌範無從發生親切的認識與夫眞實的了解。一切聖人，都是由罪人轉化而來的，祇是其所犯之罪有多有少，有大有小而已。所以謹嚴的規律生活，拘囿一切活動於固定途徑之中，貌似安全，實則停止人生發育之機運。所以祇當要求「大處不差」，所以政治應當「寬簡」。此之謂：「大德不踰閑，小德出入可也。」何謂閑？閑卽止也。

大學曰：「知止而后有定，定而后能靜，靜而后能安，安而后能慮，慮而后能得——物有本末，事有終始，知所先後，則近道矣。」人生最緊要的事，莫過於目標明確。有明確的目標，則心情安定，無所徬徨。用安定的心情，篤信力行，對於所爲行動的價值，始能有眞實的認識。若置身於道德範圍以外，欲待認識清楚，再去實行，對於道德，將永無認識之一日。所以培養道德，必當從行入手，——在未知其價值以前，便去行。由行生慧，是今人所忽略的一個重要道理。道德中事，不有眞實的行爲，決無眞實的認識。所以不但當「行以求知」，而且亦祇有「行以求知」。未知卽行，是爲依據信仰以制行。信仰又是時人所不願聽之一名詞。其實吾人時時在用信仰，而且亦不得不信仰。所謂信仰者，是謂承認眞理而未經眞實體認，確切覺識其爲眞理。試問吾人所承受之眞理，自「飲食不可太苦」，以至於「一國必須有領袖」，有幾件是由自己體認得來的？如果自己所行的，必須是自己體認出來的，恐怕不但個人要停止呼吸，世界亦只得停止存在。我人生存，依賴信仰之處實多於依賴理智之處。在理智威力未到之處，只有信仰可以扶持吾人。信仰什麼？信仰聖賢，信仰聖賢所樹立之規準——禮。荀子主張「崇聖尊禮」，其所以能爲卓然大師者，卽以此故。遵循規準而力行之，是爲知止。

科學精神，在依據理性，自爲判斷，摒絕權威，掃除偶像。今玆主張依信仰以制行，豈非自招落伍之譏？其實兩者並不衝突。所謂「獨立判斷」者，祇適用於自己所專門研究的範圍之內；對於自己所未曾專門研究的方面，便只得信從其他的專家——專家之大者曰聖，小者曰賢。專家所一致同意者，則信從之；專家之間，意見有出入者，則就其所提論證而衡量之，去取之。衡量而當乎？幸也；衡量而不當乎？命也。奮個己之智力，而欲立於至當無誤之地，是誠妄想之尤。個人渺小，信仰集團，集團又豈全智全能乎？聖賢爲集團智慧之代表，聖賢又豈能立於無過之地乎？天乎！人類渺小有如鼠！人類的智慧實如鼠目之光！人類離棄上天，果能自救乎？

二四、道

學者學習的目標，在學「道」，故曰「志於道」。人生努力的意義在行道，故曰：「朝聞道，夕死可矣！」何謂「道」？道卽理則。萬物莫不有理，其理必然而不可違。此必然而不可違之理則，謂之曰「道」。就人應遵行言之，曰人道。就其發動非人力所得而蔑棄言之，曰天道。天道與人道，實爲一物。人之於道，祇有奉而行之；在事實上，固可違背；在義理上，實不得違背，是卽所謂命也。揆諸義理而不得爲或得爲者，皆爲命之所在。君子知命者，知此命也；死生有命者，有此命也。「富與貴，是人之所欲也；不以其道得之，不處也。」揆諸義理之命，不得去也。「貧與賤，是人之所惡也；不以其道得之，不去也。」（論語）揆諸義理之命，不得去也，所以行道是命之所在。

命也者，必須奉行，不得違反之謂也。人之行道而不違反，其原因在於人有「是非之心」，卽今所謂理性者，確認理之所在卽爲人所當行，苟不奉行，則必有愧疚之情，而無以自安。內省不疚，然後無憂無懼；行無不歉於心，然後浩然之氣乃生。所以奉行理性，是生機所在。生機發展，則活氣充盈；生機萎縮，則凋落必至。所以說：道二，仁與不仁而已。所以宇宙之根本原則是意志，而此意志之本身則自有其不可違之理則，所以意志與理則相融。叔本華見不及此，所以落於悲觀。理則不但與意志相融，亦且與情感相融，所以朱子定仁之義爲「愛之理，心之德。」其卓見實堪欽敬。所以有人以「全德」釋仁，而韓文公「博愛之謂仁」一說，祇可認爲是一種方便之說，不能說是錯謬，亦不能說是精當。學者如拘執「仁者愛人」之一端，而不思「愛人者不必爲仁」，則無從得一會通之見。

道是否隨時間空間而變遷？稍治歷史學者或比較風俗學者，皆覺軌則實隨時隨地而有異。其實道之體現有異，而道之本質無異。中國人宴客，自謂飲食菲薄，意在敬客；西人宴客，自誇菜餚佳勝，其意亦在敬客。在康德哲學上，有兩重要名辭，卽形式與內容，可用以解除許多思想上的糾紛。道的形式（或稱本質）是超時空的，道的內容（或稱體現）是隨時空而變異的。如謂道完全隨時空而變異，則今古異轍，必至後一刹那之我與前一刹那之我挑戰，人生必墮入盲索之中；亦且將人各一見，無可折衷，國與國異，鄉與鄉異，各以「自己爲萬物之尺度」，而流入希臘詭辯時代之絕對的懷疑論與個人主義。

或謂世間的眞善美，顯有演進，何得謂爲不變？欲明此理，須審察變之意義。變至少有兩種絕不相同而且絕不可混之意義。爲免除語病起見，祇得用抽象的語句說明。一種是「甲」變爲「非甲」，一種是「甲變爲次甲」；前者是異性變，後者是異量變。所謂眞善美的演進者，爲異性變乎？抑異量變乎？如爲異性變，則前後截然兩物，何所藉而得見後者之有勝於前。因爲兩物不同性，卽失其比較之基據。所以演進祇是量的開展，前後氣息一貫。好學之士，正當依據一切時空的表現以探究其中所含普徧存在的意義。此超越時空而普徧存在之意義，卽所謂道也。故道萬古常新，不得據吾人認識之差異，而謂道有不同；不然，則人各一道，而分崩離析之禍作。

「天命之謂性，率性之謂道。」（中庸）道存於性，性原於天，故天道與人道無二。天道健行不息，人道純亦不已。此綿續演化之形象，卽天道人道之質素。所以可繼可久者爲善，而絕滅爲惡。所以在人間所謂善者，卽生之綿續與開展。此種生之開展綿續，乃萬有的自然質素，故謂爲天德。篤實踐履此天德，是爲忠；使人人皆得踐履其天德，同遂其綿續不已之生意，是爲恕。所以說：「忠恕違道不遠。」（中庸）至善的狀態，不過人人得遂其自由而充實的生之開展。

吾作孔學漫談，自實際軌則以至於窮理盡性皆略加闡述，雖政治經濟，尚未涉及，但擬在半年內寫爲專書，故暫爲擱筆。迄今所刋佈各篇，以郵遞困難，報紙未能一概入目，所寄各篇，是否有所遺失，所遺失者又爲何篇，皆無從得知，無從補作。是則應向讀者道歉者也。

附錄

效率論

嚴又陵介紹天演論，優勝劣敗，弱肉強食之旨，深入人心。羣以事實上之或然現象，認爲人間不易之理，權力傾軋，智術虞詐，釀爲風氣；從而國民渙散，人心叵測。孔子曰：「民無信不立，」我國族蓋已瀕於潰滅之境矣！回憶民初景象，危厄情狀，猶歷歷在目，識者憂之，爰提倡互助之說，合羣之義，以及團結之旨以矯之。今其效雖未大彰，而人心暗影要已去其大半，不謂唯力論又漸興起。

五四時代，所謂新文化運動，倡者和者，皆難免淺薄之譏。惟其鼓吹德謨克拉西，而著重於個人之自覺自主，則確已把住西洋近代文明淵源之希臘精神。希臘哲人之言曰：「吾愛吾師，吾尤愛眞理！」其摒去依傍，獨立判斷之意趣，實爲眞理之淵源，暗與中國傳統精神符合。孔子曰：「回也，非助我者也，於吾言無所不悅。」又曰：「天何言哉？四時行焉，百物生焉。天何言哉？」（論語）其不欲人盲從附和，而願人自悟自得，可謂情見乎辭矣。「它山之石，可以攻玉。」（詩經）傳統精神因西洋思想之接觸而復活；雖獨立判斷，艱難萬分，受其病者已爲數不少；但欲增益國民之智慧，擴大人羣之光明，捨此實無他法。不謂唾棄個人之言語又復興起。是種言語，吾名之曰唯羣論。

揆唯力論、唯羣論之用意，蓋以爲當生存競爭劇烈之世，一切行動，以擴大效率爲不二法門。殘酷者，人類所自然憎恨者也；然爲增強侵害效率計，爲之者固振振有辭，而論之者亦復譽爲鋼鐵手腕。欺騙者，人類所自然疑懼者也；然而爲增強侵害效率計，爲之者固目爲必要手段，而論之者亦復譽爲權術機變。使殘酷欺騙果然無可非議者，則希特勒之流，正亦無可詆毀。使統治宇宙者果然唯有力之一物，使力之爲物又只有大小之殊，並無善惡之別，則立足於大地，無論爲個人，爲國家，皆可不惜一切，冷酷發揮其剛力殘暴，狡黠施展其柔力欺騙。凡受其摧毀者，則由於剛柔兩力，一無所長，橫被淘汰，勢所當然——人間根本不應有所謂憫惜。

執行唯力論之典型人物，在中國爲秦始皇，兼併六國，統一宇內，征伐與詐術剛柔幷使，焚百家書，以吏爲師，偶語者棄市，以古非今者族。既以官吏領導學人，又嚴杜異說興起，統制思想，可稱徹底！今人喜「反古」，對於「以古非今者族」，頗稱許其刑亂國用重典。殊不知始皇非進化論信徒，認定今勝於古，故捨古從今；其所謂今者，現政府政令耳；換言之，即皇帝及其寵臣之意旨耳。所謂古者，有所依據而又異於現行政令之一二家言耳；換言之，即政府所不採用之意見。以天下人之禍福，決於一狂妄自是之妄人，實令人悲憤塡膺，博浪沙之一擊，豈僅發洩張良個人之心情哉！今人竟歌頌始皇之強力政治，使當日仁人有知，吾信其掩面長嘆矣。

或又以中國統一之功歸於秦始皇，其時社稷則封建部落耳，其時所謂忠臣義士則時代前進障礙物耳。秦始皇時代使命之執行人，六國君臣違逆時代趨勢，實愚且妄。使由分而合，由小而大，果爲人羣組織之定則者，使由小分而大合之過程中必以殲滅衆小爲手段者，則希特勒滅亡波蘭、捷克、奧地利、荷蘭、比利時、丹麥、挪威、羅馬尼亞……或果屬執行上帝之意旨？若干年後，則中國之統一決不始於秦始皇，秦始皇亦未能完成中國之統一。彼黃帝、堯、舜、禹、湯、文、武、周公、孔子者，皆有功於中國之統一，秦始皇亦不得專美於前。秦之被人推崇，以其廢封建、行郡縣制也。其實郡縣制不始於秦皇，而封建亦未嘗絕跡於秦後。制度之興起、成熟、乃至衰亡，皆有其客觀的條件，非某一個人所能獨力完成；統一之業，至今猶有待於吾人之努力，而統一之形式亦尙在演變之中。如何而後可以使統一與進步兩臻完美，亦今後重大問題之所在。

人類生活，不能無行動，行動講求效率，自爲當然之事。唯效率有淺而易見者，亦有隱而難窺者；有近而易知者，亦有遠而難測者。以空間言，則六合之大，難周算無遺；以時間言，則綿遠無旣，難統籌無漏。宇宙之博大悠久，人事之複雜紛紜，其間影響果效，實巧匠所不能計算，吾人不過依其所見短近範域內者而認定其爲一切時空統皆適用之定則而已。其事爲據已知以測未知，而其已知之領域則猶有廣狹之殊，其知之本質亦猶有精粗之別。彼唯力論者，未始無若干事實以爲其論據，惟其所據之已知範域殊狹，而其推論亦殊疏略耳。

董子曰：「正其誼不謀其利，明其道不計其功。」似非議功利，而忽視行爲之效率者。殊不知誼正則利無不謀，道明則功無不計；所謂不謀不計者，乃不計謀其細小者耳；其於人生爲基本定則，不許例外；其應用於實際，時似迂濶不近事情，而長久觀之，其功用非短淺的功利計慮所能及。例如守城者有禦侮之責，乃一定之理，不問不抵抗主義具有若何之便利而仍須履行者也；又如不自由、毋寧死，乃人間大義，不問恐懼偸生具有若何之作用而仍不可不一拚其生死者也。道誼的效率，博大而悠久，非一時方便法門便能比擬。喜用方便法門者，每自矜其智，以爲善於行權應變。不知行權須合一定條件，必反乎正道而又合乎正道之眞際，始得目爲行權，否則反常而已。春秋公羊傳桓公十一年：「權者何？………自貶損以行權，不害人以行權；殺人以自生，亡人以自存，君子不爲也。」行權之效率，有時可救之，智者所不棄，但智者行權時期無損於人，而不辭有害於己；其所目爲效率者，不徒就個己利害察之，實據全羣福禍以覘之，故其所求得之效率，悠久而博大。

或謂正義無定在，「侯之門，正義存」；「強權卽公理」，確屬一語破的。世無絕對的眞理，善惡不能離時空而自存；時間變，善卽變；空間變，善亦變。故無不變之道義，而效率之強大，卽爲道義之所在。是種思想瀰漫國中，致是非不明，趨向不定，朝秦暮楚，唯勢是趨，不可不辨。宇宙遷流不息，八方風習異宜，是誠確切之事，因而所謂善者，不能不隨時間空間之差異而有所不同，善惡須就事項之全盤情態察之，不能預懸一定格式而強一切以從同。然而所謂變異者，有性質之變異，有程級之變異，有關涉之變異。就性質言，則完全變異將轉變成另一物事，而且不具其所從變之物事原有之性質，前後全不一相涉，是爲不可能。若僅一部變異，則有其不變者在。就程級言，就關涉言，完全變異，亦復相同。蓋宇宙若果然完全變異，則橫察之，將裂爲無數碎片；直察之，將斷爲無數零段，其間將無任何條貫性可言；而所謂知識或科學者，殆成爲金融恐慌中之貨幣，而不能必其何時立卽喪失購買力也。使宇宙果眞如是，試問人類尙有使用智慧之可能乎？試問人類尙有前途之可言乎？幸而吾人之生活未曾片片斷裂，吾人能預爲一日、一月、一年、一世之計，吾人能預知十日、十年、十世之事，其所以有此可能者，則以宇宙間實有不變者在，而且此不變者所具之關係，究爲實質與形式之關係，抑爲主幹與枝節之關係？不能作籠統之論斷。吾人祇能斷言變之中有不變者存焉，爲吾人之目的計，是亦足矣。

道義者，變而不全變者也，乃其適用於一切時、一切地者也。於其變者須視具體事例以定從違，於其不變者則宜死守不渝，不得以一小時而泯棄之。然而此不變者之內容又復何如？此一問題，詳言之，累日不能盡其辭；約言之，亦復簡單。第一，人生要活，我要活，人亦要活；人要活，我亦要活——人皆有生存權。第二，人生要動，我要動，人亦要動；人要動，我亦要動——人皆有活動權。尊重人之生存權與活動權，同時亦保持我之生存權與活動權，是卽人生之基本道義——我之生存權與活動權，非他人所能取銷。康德詔人置人己於同一標準之下，孔子謂恕——

己所不欲，勿施於人——之一字，可以終身行之，皆此意也。

人眩於秦之併六國，誤以有暴力詐力可以成統一之功。不知歷史明告吾人，當時願與暴秦偕亡者，徧天下皆是，人心不服，旋踵卽亡，秦又何嘗成功？人羣組織，由分而合，由小而大，是誠一定趨勢，惟其合也，當基於生活本身之必然需要，而不能以暴力強合之；其合之形式，當使各個體皆能保持其自尊，發揮其活力，不如是，其組合不能穩固。今人喜以增強效率之觀念言組織，遂不期而主張單一的組織，從上至下，欲以一個意志貫徹於其中，無所謂協調，更不許有所謂對立；對內則主獨裁，對外則主武力統一。夫如是，則世間能享受人權者，唯此至尊無上之一人而已，其餘則大大小小之奴隸而已。二十世紀之優秀民族，豈獨能忍受奴隸之生活乎？有謂此次世界大戰，純爲強權爭霸戰，而無關人世道義者，是皆抹煞人與國皆當自主其生存活動之一本道義者，其說可畏，無殊於希特勒。

正名論

孔子論政，首務正名，作春秋以定名分。名者，實之符也；可循名以責實，可據實以定名，名與實無所虧欠，其於人心所生影響始得其正。彼以西洋唯名論比傳孔子正名論者，實昧於名之實際效力者也。循名以責實，如春秋書曰：「蔡人殺陳佗，」可望文而知陳佗類人匹夫也。穀梁傳曰：「陳佗者，陳君也。其曰陳佗，何也？匹夫行，故匹夫稱之也。」據實以定名，則慶父結強齊以謀篡國，於其歸也，春秋書曰：「齊仲孫來。」公羊傳曰：「齊仲孫者何？公子慶父也。公子慶父，則曷為謂之齊仲孫？繫之齊也。曷為繫之齊？外之也。」名不虧實，黠者無所飾其奸，愿者始知盡忠也；名教作用彰，政治效率乃增。

世之豪強，皆不利於名之正，故多方以毀之。或則「指鹿為馬」，而脅人以相從；或則「偷天換日」，而移易於不覺；或則「魚目混珠」，而強眞偽為一物。彼曹氏伐漢，實篡奪也，而名曰受禪，是指鹿爲馬之類也。彼呂不韋以呂易嬴，是偷天換日者也。汪精衞，稱國府，惑亂聽聞，是魚目混珠之事也。凡此，皆心懷詭計者之所爲，而敗名者又不必果皆如是。今試析其心情，可得三類：一曰囁嚅敗名，二曰錯覺敗名，三曰歪曲敗名。囁嚅敗名者，無保持名實之勇氣，遇人顚倒名實，因循敷衍，卒致積非成是。錯覺敗名者，名所指，本不如其所覺，而誤認爲果如所覺，卒致認非爲是。歪曲敗名者，明知名與實異，強指爲同，卒致名實淆亂。敗其名，無論出自有意或無意，出自善意或惡意，而足錯亂名實則一。人心之自然傾向，每因聯念作用，而引申名之意義，以致用名汗漫，失其歸依。用嚴格態度以事正名，確有必要。

民國二十七年武漢撤守前，戰地尙在鄂皖之交。一日，敵機忽狂炸漢口西北之偏僻小城京山，一時城市爲墟，死傷塞途，在當時被難各地中，實爲最慘。京山在當時離戰地尙遠，又非軍事要地，敵人何故如是狂炸？其原因本不可知，或亦竟無原因可言。但當時民間盛傳京山被炸乃因該縣縣長召集民衆訓話之故。緣當時京山縣長姓蔣，又以縣長身份兼某種委員會委員長。是日縣府傳諭，蔣委員長召民衆訓話，聞者不察，誤會爲最高統帥行抵京山，以誤傳誤，竟入敵奸之耳，而敵機立炸，遂成慘禍。在當地民衆，爲國捐軀，死可瞑目；卽令所傳屬實，當亦無所歉然。惟政府立官定名，漫無疆界，自擧國託命之最高統帥乃至一縣某項負責人員，皆可稱曰委員長，未免過嫌輕率。且最高統帥，責任重大，擧世欽崇，任他種委員會委員長者，被人稱呼委員長時，苟一念及最高統帥，不知是否汗流浹背，自覺置身無地也？

用人名作地名，如中山路、中正路、林森路等，今已儼成風尙。新式都市，一若非如此不足以爲時髦者。實則旣非崇德尊賢之方，亦復足長國人輕慢之習。我國古禮：君前臣名，父前子名；未冠稱名，旣冠稱字；五十以伯仲。今俗猶於未成年人稱名，成年人稱字，老年人則呼以大爹、二爹、三爹，或大爺、二爺、三爺。不問老少，不辨身份，逕稱他人之本名，毋乃過嫌粗野。雖尙質尙文，隨時代而變遷；然用國父字、統帥名、元首名以爲地名，而使市民漫然呼語，實足以長國人輕慢之心情。用人名作地名者，我國昔日固亦有之；如西湖有蘇堤，漢口有張公堤；蘇堤不稱蘇軾堤，張公堤不稱張之洞堤，僅舉其姓或於姓下綴一公字，皆足起後人崇敬之心。如必欲以彪炳千秋之名字爲一市一街之名稱，則國父路、蔣公路（或統帥路）、林公路（或林主席路）皆可使用，曷爲而使千萬人逕呼其名！或曰：是乃效法西洋，實行西化，子之觀念，未免太腐。不知西洋固有以人名作地名之例，如華盛頓城、維多利亞車站之類。惟其所用之名稱，乃所謂姓也，非所謂名也。西人於人之關係，稱謂雖較疏，但鮮有直呼他人之名者，通常稱謂皆於姓上冠以「先生」，則對功在國家之人不至斥呼其名，要爲理所當然。故以西洋事例解嘲，實足以彰勦襲毛皮之羞。或謂不面呼人名，卽不爲不敬，對第三者呼之，似無不可。爲是說者，吾知其必無尊敬之眞心；使有尊敬之眞心，則必不能出諸口，猶爲人子者不能道其父之名也。國人虛僞成風，面對則恭謹有加，違面則斥呼其名，非浮薄之徒，必不能安其心也。

吾國以「中華官國」見譏久矣。吾於國中所謂「長」者之多，滋惑焉。所謂長者，或則年長於人，如所謂「家長」、「鄉長」者是；或則德業高於人，如所謂「學長」者是；或則權位高於人，如「部長」、「軍長」是。行政法令所言之長要當屬於權位高人之一類。果爾，則國中今已充滿長人之長矣；文自部長、次長、司長、廳長、科長、局長、縣長，以至於鄉長保長，武自長官、軍長、師長以至於連長、排長、班長，無處不有長，無地不有官。夫所謂長者，於其屬官而爲之長耳；如部長爲部內官員與部屬官員之長耳，於其他之人，不得自視以長也。然而習氣移人，旣人皆長之於部內，遂乃自長於部外矣。又如所謂縣長者，果縣內人民之長乎？抑縣行政人員之長乎？依理言之，當爲縣行政人員之長耳。然而觀念不清，昂然自視爲縣人之長者多矣。更加以校長、院長、所長、館長，觸目皆長，於是而「長氣」盈國中！吾不知以文字國見稱之我國，曷爲文人所用之名詞，竟貧乏乃爾！

定名當依據事實，使見名者，可循名以責求其實。所謂長者乃謂，在一定之人羣中具有一定的命令權者。軍隊長官，於其所屬確實握有命令指揮之權，確居長之地位；且其命令指揮之權，亦不至被誤會而認爲可行於其所屬之外。故軍官自軍長而下，名之以「長」，不生疑義。至於行政官員，對於所屬，固亦長也；然其所掌者爲政事，政事涉及人民，與人民交接而出以「長氣」，則難收官民合作之效。故定行政官名，宜用指示辦事之詞，私意特任官，可以不稱長，而名曰正。蓋政者正也，正其事且正身以正人也。使膺其名者，顧名思義，知己之職務在治事，且躬先率行，以爲屬員及人民樹之風範。我國素尚政教合一，寓教於政。苟違此理，勢必言之咄咄，聽之藐藐，政治難收預期效果。及今全國振奮，宜將公務員以身作則之大義，造成「卽政以敎」之風氣，而其第一步則宜爲肅正官名；院長、部長之類，宜改名院正部正，次長則改名爲部副。正者，長也；副者，輔也。既莊嚴，又足表其實，名之善者，莫過於此。

簡任官如司長、廳長之類，宜改名「主事」，以表名主掌事務之意。其簡任技正之類可仍其名，「正」字雖嫌與特任官名相混，但於「正」上冠「名」，亦足表明技術中之正長，可無大礙。薦任官如縣長、科長之類，宜改知事、簽事；委任官如科長、科員之類，宜改名理事、執事；雇員可名以辦事、司事、錄事。似此，於指示職責之中，兼寓行政系統之意；於伸張紀綱，變正風氣，所關未可小覷也。

官名之較責實者，以法官官名爲最，如評事、推事之類，皆可提示其職務之實情，惟嫌層級略少，未足與行政官級相配合，可另加一級，使與評事、推事合計爲三，以略當文官之簡、薦、委三級。至於特任官，自當援用行政官名，不在所謂法官之列。法院書記人員，有書記官與書記長，官階不同，而以「官」與「長」強爲之別，置官於長上，此實毫無取義，僅足表示無聊，強定一名而已，宜加改正。

名以指事，亦以運思，指事與運思，是爲名之兩大機能。指事須能指稱其實，固也；然而不但此也，事與事間，各有一定之關涉，滙合此等關涉而成爲事實系統，系統淸晰，是爲良好之秩序。凡事，皆有關於人，事實秩序好，則人間秩序正。中國民敎，以人倫爲本位。人倫者，人間關係系統也。人間關係不能離事實關係而存在，故人間關係系統正，則事實關係系統隨之而正；事實又不能離物界而發生，事實關係系統正，則物與人之關係亦隨之而正。故謂人倫正而天下定，彼認人與物界爲二者非，認人爲個別存在者亦非。正名乃欲使各人在人間秩序上各如其名所示而居於一定之地位，且履行其名分內之任務焉。人人如其名而盡其分，則人間秩序正；人間秩序正，則事物秩序定，而天下太平。此春秋一書所以爲經綸天下之大典，而爲孔子志之所在也，謂爲政治文章，猶淺之乎視春秋也。

事實運行於客觀，而人於意識上則攝之以名；離名，則思想失其運行之憑依；名愈富者思想愈豐盛，名愈晰者思想愈精當，名愈有系統者，思想愈完整，此人類學者之公言，而吾人可以隨在取證者也。中國之名於若干方面遠富於西洋，是中國思想於若干方面遠非西洋所及；如兄弟、姊妹、伯叔、姑嬸者之用語也，而英語、德語、法語中之兄弟、姊妹、伯叔、姑嬸卽不如中國之清晰。吾爲此言，非欲作比較言語研究；吾之用意，在指明中國先賢極重正名工作，故其思想清晰而有系統。所謂腦筋籠統者，祇是不曾讀書之三家村學究，或不肯讀書（中國書）之西洋博士耳。中國學者，無間於古人近人，無間於儒墨，其思想體系雖有大小不同，而其措辭之精審則隨處可見，謂予不信，試任取一漢儒或清儒之經注解驗之可也。腦筋籠統之病，今日國人或有之，於其濫用名詞見其病徵矣。「變政先變俗，革命先革心，」此時論也。吾願國人有嚴謹篤實之風，而無間於治事與治學。爰作正名論。

史教論

吾國以「史教立國」，史書最稱完備，自歷代正史以至於州縣志書、宗族譜牒，皆史書也。其用不僅在將以供考據之資，亦且所以施人倫之教。吾國思想，以人事研究爲中心。歷史記載，固不僅涉及人事，而人事要爲歷史骨幹所在。前事不忘，後事之師，讀史可觀成敗得失之跡，足爲取捨從違之鑑。歷史無異人事實驗紀錄，裨益後人已非淺鮮。而啓發國民歷史意識，使人於後代國民在想像上之評議具有感覺，則其爲用之宏，尤不可以言語計。孟子曰：「孔子作春秋，而亂臣賊子懼。」春秋者，歷史紀錄也；亂臣賊子懼之者，懼來者之訾議於其後也。及己之身，生殺從心，於人之非議，可無畏也。一旦一棺傅身，萬事全非，彼搖筆弄文之士，乃得以雌雄英傑，輕重強豪，此眞擁有權勢者之大憾而痛感莫如之何者。我先賢乘此罅隙，發揚史教，以維持正義，啓導國民，使知顧慮身後之毀譽，勿徒求生前之快意。

惟史教得立，名教乃行。人生壽命短促，砥礪名節，常爲痛苦所乘。趨時順變，即尊榮安富隨之；謹守正道，則艱危恥辱隨之。人生數十寒暑耳，何必自苦乃爾。貞堅之操，保持殊難。若啓發其歷史意義，展長其精神生命，於是此短促之人生，乃可與日月同壽，而個人之瑰行懿德，乃可與人羣生命共臻不朽。取人羣壽命與個人壽命較，即人羣壽命不啻爲千萬年，而個人壽命則不啻一日一時之千百分之一。忍受現世之短促艱苦，以爭取精神生活榮光之偉大，然後現實利害計算心可得而消除，名教作用始得施行。所謂「豹死留皮，人死留名」者，恰足表現人心之認眞。使人生而無可遺留者，則名教之力必然難伸。

夫建祠、立傳、勒銘、樹碑，確足擴展人生，以彌補壽命短促之憾。惟其擴展所及，久暫亦復懸殊。彼名垂不朽，與日月同光者，固亦有之；而年代一遠，即湮沒無聞，要爲常例。名不能永存，人生終歸幻滅。爲避免幻滅，不僅可流芳百世，亦復可遺臭萬年，無論爲功爲罪，不能垂諸無窮，斯便有等朝露。故名教基礎，殊嫌薄弱。不知好譽惡毀，人心同然，所求之譽，大小如何，則隨人而異。有求萬代之譽者，有求一時之譽者，固不必人人須名垂萬世，然後感覺滿足。且名教之用，不過史教之工具耳。名之所加，必其人所行，有所惠益於人羣；人羣受其惠益，從而錫以嘉名。故名者，乃所以導人於利羣之行者。人之生命，由行動構成，行爲而富於利羣性，個己生命乃漸與羣體生命和合，而寄個己生命於羣體生命之中。羣體生命綿延不絕，斯個己生命永生不朽。如是之生命，可名曰歷史生命。

歷史生命者，自有生以來，合萬有爲一流，以向前奔進之集體生命也。其中構成份子，新陳代謝，後浪推前浪；而前後相繼，綿續不絕，日新又新，演變不息；無須臾之停滯，無一事之不包。個人寓於其中，當發揮自力，又擴大歷史生命之光輝，充實歷史發展之意義，正確歷史生活之方向。個己生命於歷史生命，正猶人身細胞之於人身全體。各細胞有其功能上之差異，細胞間有其關係之參差。以此功能之差異與夫關係之參差紛雜，構成人身之全體。歷史生命之構成，亦復如是。各個己動向不一，彼此間關係不齊，以其紛歧之動向，疏密之關係，錯綜牴觸，構成歷史生命之洪流。個己在歷史生命之洪流中，其勢力懸殊薄弱，於歷史命運，每覺無力轉回。然個人生命之特徵，實在奮其脆弱能力以與歷史相抗衡，而企求如其所懷以控制之。謂個己不自量度乎？則誠不自量度矣。然而個人之偉大正在其欲控制歷史，而不爲歷史所控制。

歷史生命由個己生命所構成，個己生命爲個己自性所表現，故歷史表象實導源於個己之自性。個己本其自性之表現，以與其他自性所表現者相接觸，互摩互盪，以構成歷史生命之洪流。惟其互相摩盪，故洪流中有波瀾起伏；惟其自性表現不一，故洪流中有清濁混雜。祇以人性終究向上，故歷史生命之表現畢竟趨於崇高，由野蠻而日就文明，由錯亂而日即諧和。此人所以爲萬物之靈，而人類文明所以爲天地精英。歷史生命囊括萬有，而人之向上活動，則爲歷史生命之花。

史教功能，在控導人羣活動，使和合於歷史洪流之正向，勿令旁趨邪出，或別趨支流，或遮不斷本流。維持正道，是人之天職。歷史洪流，勢力雄偉，由個人終可致其轉移之力。使轉移不難，則人人可得任意驅使之，則世事將如兒戲；使轉移無效，則人生俯仰浮沈，全爲外力所操持。使其操持而依據一定之計劃耶？則人生將如驢之磨麵，繞磨循行，疾徐進止，惟上者是聽；使其操持而無一規則乎？則人生將如芝蔴之子，隨風飄蕩，東西南北，倏忽無定。揆之事實，皆不如是。人生有如蠶之吐絲，其吐絲，係出於自性，亦係出於天命。以其出於自性，故得稱爲意志自由；以其祇此一途可走，故得謂爲命定。是故人生旣有定命，亦復自由。至於人性向上而時復有罪惡可覩者，則猶如蠶之作繭，本以自利，不意其隨卽以之自礙也。自礙矣，而仍可自拔之，正猶如人羣在向上途中，犯下種種錯誤，而仍能自爲改革。

歷史記載，指導人羣活動，其要務在正確的記錄人羣活動之實相。求眞本爲人類之崇高天性，而正確記錄史實，其價值又不徒在於明眞而已。人類其所以能用最小之痛苦取得最大之進步者，實以前經驗可爲後人之教訓。後人欲利用前人之經驗，必須於前人之經驗有正確的記錄。錯誤之記錄，不能予人以正確之見解。故顚倒事實，爲罪惡之尤。人皆有是非之心，事實正確，可據以勉求正當之判斷；雖曰判斷他人，甚爲不易，而離棄正確事實，則判斷作用自無所施其技。後古之良史，據事直書，不爲勢屈，不爲威脅，其所以功在萬世，令人深致景仰者，正以此故。後世史家，雖多所顧忌，不少曲折，而其隱諱之中，終有破綻流露，俾後之識者，得以揭發，其保存史實之苦心，正爲民族道德之所繫。彼爲不善者，無不欲以一手掩盡天下耳目，而執筆之士又從而飾之，匿之，顚倒之，僞造之，則眞文化之罪人也。助桀爲虐，欺誑萬世，宜投畀有北。

夫事實之正確紀錄，又不以如實敍述爲足，必於史流正向能表而出之，然後事實之意義能明，而其記載不至等於鄰貓生子。史教作用在示人以善惡之途，而史家職務卽在於寫實之中明示是非之義。夫下不可召上，是爲定理。今有以諸侯而召天子者，實不可爲訓。孔子書曰：「天王守於河陽。」（穀梁傳）河陽非狩所，今竟狩焉，其必有故矣。卽其文而探其故，以臣召君之事自明，而不可爲訓之意亦見。挾天子以令諸侯，乃曹操之根本策略，所謂蜀與吳者，自曹操視之，皆僭竊賊耳。而陳壽作三國志，竟等蜀吳於魏而幷列之，其不許曹操奉行國家命令也明矣。彰明是非，爲史教命脈所繫，良史家於是非所在，何可忽置。

劉知幾謂作史須有才、學、識。吾謂讀史亦須有才、學、識，故作史與讀史皆難。良史家宜用己之才，運己之學，以表己之識，使讀者於閱讀之下，立生正確的是非之感，而起適當的史教作用。觀於曹操殺呂一劇者，無不痛恨曹操之狠毒，而惋悼伯奢之忠悃。事實在前，固人有同感，而無待議論。惟表現藝術，足以吸人注意力集注於事實重點，使人人皆能爲同一之判斷，而無待於理論之推敲。良史家須有藝術手腕，初不必借助於議論，卽可表白是非於敍述之中。作史云者，豈徒鋪陳事實之謂。

嘗遠望洛陽北邙山，見荒塚纍纍，公侯將相，不知幾許埋骨其間，一坏黃土，與販夫走卒無異，昔日之赫赫一時，究有何等意義？語云：「君子疾沒世而名不稱焉。」非疾名不稱也，疾實之未至，致與草木同朽耳。若近數十年間，國人歷史意識漸趨淡薄；以個己爲宇宙，以實利爲依歸，以權勢爲標的，貪汚暴厲，恣所欲爲，及身之淸議不足畏，身後之令名不足顧。士風墮落，民德窳敗，史敎衰微，實其要因。立國須發揚民族精神，已成公論，「史敎立國」之義，宜即今講求。

自由論

自由一辭，毀之者視同放蕩，譽之者等諸生命。然而所謂自由者究竟具如何之意義乎？主張自由之根據又安在乎？是不可以不察。

所謂自由云者，乃謂得如己意之所決以事動靜云爲也。使己意之所決而果正果善者，如其意之所決以從事，固莫得而非之。使己意之所決而可邪可惡者，如其意之所決以從事，是何異自陷深阱。坐視人自陷深阱，是又何其忍毒邪！人非全智全能，不能免於邪惡，乃勢所必至；以必至之勢，爲不能自全之行，而禁人干涉於其間，可謂愚甚。明哲之人，知一己不能免於邪惡，於陷溺之頃，逢人干涉，藉得拔足而走，固宜欣受不暇，何至目爲破壞自由而呪詈之？細審問題癥結，第一在吾人是否有權以禁人爲惡？如有之，其理由安在？第二所禁的惡，吾人以爲惡，而行爲者不認爲惡，且或認以爲善時，又將如何？

吾人有權以禁人爲惡乎？爲父母師長者皆願有權以禁人爲惡，且事實上亦確實有權以禁人爲惡。國家法令，其禁人爲惡，尤爲嚴切，於爲惡者，不惜重罰以禁。是故有無權力以禁人爲惡，非問題核心所在；問題核心，乃在禁人爲惡，是否具有充足理由以爲其依據？使無充足理由可據，則所謂禁人爲惡者，實無異強者以其意志干擾弱者意志耳。夫強凌弱，衆暴寡，誠天演之常事，所謂自由云者，實弱者呻吟之聲耳。吾人於此一事實，覯之甚熟，而禁人爲惡者，則往往挾持美名，而未嘗自承爲強凌弱。人類理性，苟與同情心相融，必覺人之價値與己相等。一己有權以自決其行爲之人而遭受吾人之干涉，吾人而欲肯定吾人之干涉果非罪行者，自須說明其理由。

干涉他人行爲之理由，第一在否認他人有自決其行爲之權力，其否認他人有自決其行爲之權力也，又必謂權力之保有，以能力之具備爲其條件；有其能，始可有其權；無其能，即不可具其權。如彼嬰兒，如彼精神病者，皆無能之人，故不具自決其行爲之權。彼蚩蚩之氓，無知無識，正與嬰兒等，正與精神病者等，故亦不當具有自決行爲之權。夫嬰兒與精神病者，發育不健全，其無行爲能力，人所易曉。若夫一般民衆，其知識之深淺，智力之敏拙，層級重重，相去甚遠，究宜以何種程級爲有無權力以自決行爲之分水嶺？分水嶺確定以後，被認爲無權自決其行爲者而竟欲自決其行爲，則勢必用強力壓服。夫強力壓服者，正自由問題發生於其中者也。以能力不具爲須受干涉之理由，無異治絲而益棼之。靳自由而不與者，無時不謂求自由者確無能力；求自由而必得者，則又無時不自謂其能力十分充實也。

能力不具，既不足爲普遍干涉之理由，則禁人爲惡自當別求其解說。如是之解說，或可以集體生存之必要當之。請進言因集體生存之必要而禁人爲惡。人之任何行爲，皆有所關涉於他人，從而有所影響於他人。人固有自決其行爲之權，他人亦具有保護其福利之權。若他人之福利因自己之行爲而遭受損害，則他人要求自己改正其行爲，固爲合理之舉。何以故？因他人之生存權與自己之生存權相等，求自己之生存，不得以他人之生存爲犧牲品也。是故吾人自決行爲須以不侵害他人之福利爲界限；換言之，在不侵害他人之界限內，吾人實有權以自決其行爲。於不侵害他人之行爲而橫加干涉，殊不合理。

禁人爲惡，以惡能損害他人，爲其理性的根據。然而所謂惡者，又決於人之認識，各人認識不同，彼之所謂惡者，此或不以爲惡，則又將如何？欲決此一問題，當先決公共善惡標準是否可以成立，使世無公共善惡可言，則禁己爲惡可，禁人爲惡不可。何以故？己所謂惡，人未必以爲惡也。據現代意識，所謂善惡者，有若干爲一切時空之所同然，亦有若干隨個人而有所差異。蓋精神發育既有高低不同，亦猶機軸之不一；機軸左傾者，其所謂惡有異於機軸右傾者；發育高者，其所謂惡，亦較嚴於發育低者。是故禁人爲惡，其所禁之範圍，當以一般人所公認之罪行爲限。於行爲之是否爲惡而有意見上之差異者，則當運用敎化啓發之力，使異者漸同，低者漸齊；迨其齊同，然後禁之，未齊未同，則姑令自由。是謂仁恕之治，大異於劫民以刑威。

夫人之追求一如己意以自決行爲也，其所依據之理由又安在乎？可從兩方面察之。第一自效果方面察之。所謂一如己意以自決行爲者，質言之，卽有權異於他人之意志以決定其行爲也。人世何所需而尊重人人之自異權乎？世運進步，恒發自少數英哲之先知先覺。其知也覺也，先於衆人，故異於衆人。若不尊其異而強以從同，則進步之機運息，而文明之發展停矣。正因進步恒取徑變異，革故恒有賴於少數，故有持「多數恒誤，少數恒正」之說者，而遠見之政治家莫敢不恪守「寬容異己」之圭臬也。此就效果方面以察自由之價値。

其次更就動機方面以察之。人生之最可寶貴者，莫過於良知之純眞。所謂良知之純眞者，卽所謂得如良知所知所命以自決其行爲也。人世之墮落，由於虛僞；人生之腐化，由於自欺。違反良知，是一切罪惡之淵源；迫人違反良知，爲橫行之尤者。大學曰：「欲明明德於天下者，先治其國；欲治其國者，先齊其家；欲齊其家者，先修其身；欲修其身者，先正其心；欲正其心者，先誠其意。」又曰：「所謂誠其意者，毋自欺也。」自由云者，卽任人如其良知所示以自決行爲也，亦卽聽人勿自欺也。勿自欺，是人生之精髓，亦是人生之生機。去其精髓，則與禽獸何異；剝其生機，則與死屍何異。眞心寶貴生命者，何能忍此終古。故曰：不自由，毋寧死！

夫國與國戰，眞所謂國家民族之存亡，凡在國民，皆有執干戈以效命疆場之義務。而在盎格魯撒克遜民族，則有所謂良心反戰之徒。良心反戰者，依良心之昭示，反對戰爭，不肯投軍，雖下諸監獄，課以苦工，皆甘受不辭。且其政府亦順從其意，不強令從軍，而責令執行他項工作。此其用意深遠，絕非淺人所能悟解。蓋國家之興盛，繫於國民風氣之健全；國民風氣之健全，又繫於國民良知之純眞。當民族危急之秋，國人熱烈獻身之際，竟有人焉，不顧社會之譏嘲，不畏法令之責罰，毅然決然，自稱爲良心反戰者，此其行爲，豈尋常怯懦之夫所能出哉？必其遵從良知之嚴肅性格有以鼓其眞勇，便與全國國民抗而不辭。是眞至大至剛之氣，宜爲國家所珍惜，豈可以急功近利而摧殘之。

由是言之，吾人可得另一結論，卽：「強人爲善，亦爲罪惡」是也。夫善之成立，以動意爲其要素，今不待人之是否爲善，而以己之所謂善者，強人以相從，摧毀人之意志，違反人之良知，與所謂橫暴者，果何以異乎？昔宰我問三年之喪於孔子曰：「期已久矣。君子三年不爲禮，禮必壞；三年不爲樂，樂必崩。舊穀既沒，新穀既升，鑽燧改火，期可已矣。」就宰我之意，從利害言，從心情言，喪制皆以一年爲宜。孔子詰之曰：「食夫稻，衣夫錦，於女安乎？」宰我直陳其心情，曰「安」。孔子聞其良知自認爲安，無可違反，乃答曰：「女安則爲之。」且重覆之曰：「今女安則爲之。」其尊重良知，不妄干涉人，可謂垂意深遠，百世之下，略加體認，能不感奮。

洪範曰：「不協於極，不罹於咎，皇則受之。」釋者曰：「凡民之行，雖不合於中，而不罹於咎惡，皆可進用，大法受之。」人民行爲，雖不合於公準，未必卽陷於咎惡；於其不陷於咎惡者，不但宜寬容之，且宜依據典則之根本精神，進而用之。爲政如此，民情何至鬱抑不伸，人才何至屈沮難展。自由主義之大效，未可以急功近利代也。

良知與信仰

太史公以孟荀同傳，實獨具隻眼，勘破兩家學說之眞髓而確然得見其兩相對峙者也。孟子主性善，一切從內心上發出。曰：盡心；曰：推恩；曰：求放心；曰：思則得之；無一而非反求諸身者。其要義在自立、自覺、自成。其學出於子思，爲孔門之正統派。荀子主性惡，自性全不可恃，一切當唯外界之威權是依。曰：隆禮；曰：尊師；曰：誦經；無一而非學習賢哲及其敎訓也。曰：漸靡；則期待環境之陶冶也。曰：積習；則力行禮法師敎以成習慣也。其要義在依傍聖哲而努力學習之。其學或出於子夏，爲孔門之支派。孔子曰：「予欲無言。」子貢曰：「子如不言，則小子何述焉？」子曰：「天何言哉！四時行焉！百物生焉！天何言哉！」自覺、自立、自成，本爲孔子敎義之中心。子思孟子得其衣鉢。孔子曰：「君子有三畏：畏天命、畏大人、畏聖人之言。」傍依聖哲，服膺古訓，亦爲孔子敎義之所偶有。而此一學風，則子夏荀子傳之。孟子主自律，似基督新教之尊重個人的良心；荀子主他律，似天主教之尊重超絕的權威。兩者在學術上形成對立的學派，在社會上形成分歧的制度，在青年心理上則形成「信之乎？抑思之乎？」之矛盾現象。

主自律者，㈠直指心源，反求諸己；故求仁由己，求則得之。㈡一切義理，皆自我心而起；「進、吾進也」，「止、吾止也」；故爲有本之水，源深流長。㈢思爲我思，覺爲我覺，生自內心，感覺親切，意趣盎然，而無形神不附，痳木呆板之患。凡此三者皆自律說之所長也。然而㈠言自律則必言盡性；性之表現無定形，性之本質雖無不善，而性之表現形式皆由風俗薰染而來，不能概謂其必善。㈡言自律又必言尊重良心命令；良心命令誠當尊重矣，然而內心上某瞬間之某種命令，果出於良心之所詔示乎？抑出於私心之積習使然乎？㈢且良心之內容皆得自社會之浸潤，正謬叢雜，殊不純一，依作指針，不盡可恃。至其以良心自律之名行社會他律之實，則不必論矣。㈣言自律必尊德性。德性者，天性也；「天命之謂性」，無待而然者也。行出於性，性本於天，天道又將於何見之乎？終不得不就實際之事實以察諸般事象之當然法則。能明事象之當然法則，始能知天。率性而行，不務致知，終難免誤私欲或心習爲天命之流弊。信天而不即物窮理，終難免以陋見鄙見爲神所詔示之誣枉。祈禱靜心諸法，皆未足以爲安全之保障。孔子曰：四十而不惑，五十而知天命。知天命在不惑之後，可見致知之事，不容已也。

觀此，然後知「卽物窮理」之說，確有其不得已之理由在。無論爲率性，無論爲信天，一放棄致知，鮮不流入於迷信或盲動之途者。盲動足生禍殃，迷信足礙進步。近世以來，國人果於力行而不暇致知之禍，其中於國家社會者已灼然在目，萬不可揚其湯而熾其燄也。實事求是，虛心求知，乃國人今後之所宜切志勿忘者。

然而致知之事，又豈易言哉？第一、事變無常，一人之思力終有限，一人之經歷終有窮；知識之數量，苦不足以資應付。第二、事態複雜，關鍵隱微，不具慧眼，不悉內蘊，所見所知，難中其的；知識之本質，苦不必一概正確。第三、量長以尺，權重以衡，評判事理，仍依此心，此心之動，果能不偏乎？果能無蔽乎？又未必盡然也。去偏去蔽，法當從事理之各異觀點以勘察吾之所見，其事需要虛心靜氣，且亦需要忍耐謹愼。是故認識作用，每苦不公不明，不周不密。以此種種，一己之智慧，其不足恃也明矣。一己所得之知，其不足以供應此生之需要也亦明矣。然則吾人之行爲，其將聽命於偶然之衝動乎？抑將追隨於流俗之所崇尚乎？曰：是皆不可。

於是，對於荀子親友、尊師、隆禮之敎，乃具見其有不可磨滅者在。禮法者，存留已久而爲人所共由之準則也。是乃民族經驗之結晶，其中寓有無數人之集體智慧，其所指示較爲安全。師友者，德行術業，已臻勝境者也；究竟言之，則聖賢是也。聖賢具卓越之眼力，有宏博之見聞，其所啓示，較爲透闢，故亦較爲安全。吾人以爝火之明，値昏黑之夜，不借聖賢禮法之光輝以燭照自己，而聽命於衝動或流俗，是何異於自甘沉沒乎？

禮法爲民族經驗之積累。民族經驗之洪流，往往挾泥沙以俱下。吾飮民族經驗之流水，吾其亦食民族經驗之泥沙乎？水乎？泥乎？其將何以別之？聖賢，吾所當親敬師法者也。然而古之聖賢亦多矣，今之聖賢又復車載斗量。聖賢之間，其教訓又復紛歧矛盾，吾將何去何從乎？且聖賢固非全知全能者也，其所言未必盡是，其所行未必盡善，吾其隨聖賢之錯誤而俱陷於錯誤乎？吾亦將有術以發現聖賢之錯誤而避免之乎？且世運貴有進步，若學過去之所已有而不能創立過去之所未見，必將停滯不前，甚且反起退步，非進步觀念發明後之所能容許也。是故欲以他律之說解救今日之苦悶，依然無濟於事也。

吾人思索及此，徘徊瞻顧，既深感過去學者之苦心，又深念今日青年之煩惱，乃不得不揭出今日青年之煩惱皆過去教育錯誤之所致。正當的教育程序爲「下學而上達。」於學生幼小之際，使其習聞古今聖賢關於人生禮法之教訓而力行之，以培養其習慣，俾習與性成，以深植其德行之基。及理性發達，思考力充，再誘導其探究當然之故，使其恍然於所以然之理。習慣成，行爲既有所依據，無所慮於懷疑。理論明，行爲又有所光照，無所慮於闇昧。穩定與進步，兩皆顧及，此至當不易之教法也。今則於幼小之時，未曾培成人生必需之習慣，於智力發展以後，又未曾示之以人生必需之理論，且習慣未先成，空言理論，亦徒以益滋其惶惑而已。

成事不說！爲今之青年計者，其道將安出？

第一、吾人當冒萬難以服膺自覺、自立、自成之說。吾人當獨立思考，吾人當服從良知。「良知至上」！

第二、對自己所專門研究者以外之問題，虛心頃聽各方不同的見解，勿輕下判斷；欲下判斷時，須先作系統的研究。

第三、在自己所不欲加以系統研究之方面，祇有信賴專家。

第四、關於人生基本理法乃至日常規則之研究，不可完全放棄，應選擇一二題目，作一番系統的澈底的研究。此乃費力小而收穫大之行爲，萬勿吝此勞苦。

第五、關於人生基本理法與日常規則中，有爲自己所未曾研究或不擬研究而又爲日用上所必需者，祇有信從專家——此類專家即是聖賢。非日用上所必需者，則儘可置之不議不論之列。

第六、聖賢訓示，如有矛盾，而又必須有所選擇時，可依詹姆士「信仰志願」之說任擇其一——大抵以適於自身之情境爲主；若無須有所選擇於其間時，則姑且置之，以待自身研究興趣之發生。

右六者，雖無甚深義，但爲多方考慮之結果，實合於理而又無悖於事之見解也。幸勿忽視！

論中庸主義

我國民性尚持中，不喜偏激。實際而曠達，雍容而不怠，重利而不苟，多情而崇義，好名而服理，尊己而揚人——持中之性，隨處表現。於建築則堂居中，門當中，以保一宅之均衡；於陳設則椅几對列，棹案鎮中，以保一室之均衡；於宅基則山環水抱，面向平整，背靠厚重，以求一區之均衡，持中傾向浸徹全部生活。此持中性格，究由敎化薰陶而成乎？抑太古先民原具持中性格而持中價値之認識反爲後起之事乎？是固不得而知。然而據史傳所載，我國民實早爲一持中的國民，而持中敎訓發生之早亦復確切無疑。

書爲古史，而書始堯舜。舜禹傳授，已叮寧「允執厥中。」易之成書亦早，執中之義雖多發揮於彖象，然而執中爲易之精義之一，卦辭爻辭，簡約未彰，而師說相傳，口授之際，必有以啓彖象之緒者。是故持中之敎，雖光大於孔子之門，而其起源則甚早，歷年則甚久，孔子殆爲傳統思想之發皇者耳。且思想欲凝現於生活之中，已非易事，欲普徧凝現於國民生活之中，則尤非易事。是必用統一的教訓而又加之以長久的時間始克奏效。吾國持中教訓究因吾先民已有持中性格而後發生，抑因欲創成持中性格而始發生，是固不可得而知，前已言之矣。然而用教育勢力以培成持中性格之事則已見於虞書，虞書曰：「帝曰：夔！命汝典樂，教胄子，直而溫，寬而栗，剛而無虐，簡而無傲。」是其胄子教育之目標已重視執中性格之養成。及皋陶之陳九德曰：「寬而栗，柔而立，愿而恭，亂而敬，擾而毅，直而溫，簡而廉，剛而塞，強而義。」則直以之為知人任官之準繩。教育之薰染作用，與政治上之淘汰作用兼施並濟，又加之以長久之歲月，故吾國民之保有持中性格，可不必求其原因之說明於先民之原有性格之上也。

孔子而後，蹈中履正，大率為一般國民所信行。晚近以來，文章時代文章做窮，文章能手須以「打翻案」見長。由此氣息，養成詭譎心情。其始也，志之所求，無非鳴異驚人而已；其繼也，乃相率而為乖僻之行以炫世而駭俗；其卒也，乃怪異成風，非怪不能為志士，非異不能為偉人，蹈中履正，反為世所詬病。文章氣息關係於世運之轉變，非文章能獨立轉變世運也，文章實世運轉變之一種表現也。惟是文人以文章求售之故而遺禍慘酷，是則可悲耳。

何謂中庸？庸者，常也，恒也。中庸主義者，中而可常之道也。故曰：不偏之謂中，不易之謂庸。然而所謂不偏不倚者，乃形式之說明，未曾涉及其內容，以故變動不居，難於捉摸。就一屋言之，則堂為中；就一堂言之，則堂之中央為中。中之所在，隨地而異，隨時而異，隨人而異；確屬瞻之在前，忽焉在後，非有眞知，不得見也。是故孟子重權，謂「執中無權，猶執一也。」權也者，思量也。思之爲事，非人人之所能爲，非時時之所能當。欲人隨時知其所止，莫如事事立之準繩，以故儒者之傳，至荀子而特重乎禮。禮也者，行動之實際標準也。實際標準之製定，又當依據如何之原理乎？則中是也。中也者，不偏不倚之標準也。

不偏不倚，乃形式的說明。欲了解中之實質，當從主觀客觀兩方面察之。主觀方面，爲心情方面，客觀方面，爲事勢方面。中庸曰：「喜怒哀樂之未發謂之中」，此就主觀方面言之也。又曰：「發而皆中節謂之和」，此就客觀方面言之也。吾人試察喜怒哀樂未發之時，此心作何狀況？無喜、無怒、無哀、無樂，微波未起，一平如鏡。此是心在靜時之均衡狀態，——未嘗因喜而有所偏，未嘗因怒而有所偏，未嘗因哀而有所偏，未嘗因樂而有所偏；一無所偏，故名曰中。吾人又試察喜怒哀樂發皆中節之時，在事實上又是何種狀況？所謂中節者，至少當含三種意義。第一是性質當，當喜而喜，當怒而怒，當哀而哀，當樂而樂。第二是程度當，喜當其量，怒當其量，哀當其量，樂當其量。第三是對象當，喜當其事，怒當其事，哀當其事，樂當其事。是故所謂喜怒哀樂發而皆中節者乃於適當對象上發爲適當分量之或喜或怒或哀或樂也。惟所謂適當或不適當云者，又當何所依據以判定之乎？適當與不適當之判定，唯當於事理上決之。離去事理之審察，更何從而決定當否！故喜怒哀樂發而皆中節云者乃適如事理之要求而於適當的對象上發爲適當程度的或喜或怒或哀或樂，無差無失，無過無不及。此是心在動時之合理狀態。此合理狀態之發生，繫於各項事理之考慮得當而此心又能適應之，故又可稱爲此心在動時之均衡狀態。故簡約之曰：不偏之謂中。不偏者，心情不偏，事理不偏也。依事理之當然而於行爲上表現一定之心情，故目爲「時中」。時空不能相離，時事不能相離，而心又表現於行之中，故所謂中者，乃於一定之時間上，於一定之空間，對一定之事，發爲一定之行爲也。故中庸主義主張一定之行爲須發於一定時空內之一定事態之上。事態不同，行爲須變；事態即同，而時空有不同，行爲亦須變。故中庸主義爲實際主義，非絕對主義，亦非閉眼主義。

中庸主義之價值，第一爲精神的諧和發育於各種元素，使在靜時保持均衡的勢力，使在動時發爲適機的活動。於元素之本質，不具是善是惡之成見，祇於其活動，務求適時適量。故於各元素等視齊觀，無所特別抑揚於其間。理想境地，爲心情諧和，所謂主情主義，主意主義，主智主義，自中庸主義視之，偏頗之見也。所謂絕欲主義，縱欲主義，自中庸主義視之，亦傾側之說也。中庸的生活，就生活之本身觀之，實爲優美的生活，就生活之效率觀之，又爲健康的生活。健康爲功業之母，優美爲趣味之源。有趣味而又能有功業，是爲美滿的生活。故中庸主義具有產生美滿生活之機能。觀測中國國民生活理想，必須了解此點。中國國民生活之實際，雖未能完全達此境地，而其率皆趨向於此境地，則要無疑義。

中庸主義之價值，第二爲心物平施。所謂心物平施者，心物相與，適如其分，當喜則喜，當樂則樂。心不爲物所搖，而自保其主動的姿態；物不爲心所變，而自呈其眞實的色相。心爲物搖者，迷惑震驚，顚倒錯亂，難有健全的判斷，難爲適機的應付。物爲心變者，黑色似白，紫色類朱，愛欲其得生，惡欲其當死，使主觀的想望憎惡幻爲客觀的眞實情態，認識旣爲情感所移，處置自難得當。心爲物搖者，失其支配力；心使物變者，失其感受力。失其感受力者，於事物之認識不得正確；失其支配力者，於事物之應付不得適當。要之，皆足使人生與世界之關涉，失其正常，或覺世界可厭或覺世界可恨，或覺世界可怕，或覺自身渺小。如是者皆不足以發揮人生之機能，創成世間之功績。以之持身，身必敗；以之治事，事必僨。此正心工夫之所以爲知人論事之必要條件，奈何以迂闊視之！

中庸主義之價値，第三爲察理周密。事變以來，審度其各種情勢，衡量其交互之影響，於其複雜錯綜之牽涉中，務必發現其關鍵之所在，而針對此關鍵發爲處理的活動以實現其事勢之正常狀態。正常狀態之實現，必求之於各種有關勢力之各盡其用而又各如其分之中。一有傾側，或種勢力壓倒其他之勢力，則成畸形狀態，縱能存在，終難持久。一切眞實的力量，各須發揮其一定的功能，不可抹煞，不可壓抑。壓抑愈大則反動愈大，壓抑愈緊則反動愈速，是故有遠見者，其處理事變，於各種有關之勢力，必不抹煞其任何一種，而努力覓求一着力點，使各種勢力齊向此點發揮，其結果則使各種勢力之本身無一不曾伸展，各種勢力之相互間又克保均衡。如是之着力點，卽爲中點，如是之作法，卽爲中道。故中庸主義爲實際主義，於事態之眞相必爲週密之觀察，不是先驗的絕對主義，預懷一定的見解，對於問題，不爲實際的考察，但閤其眼而爲盲目的演繹解答。海可枯，石可爛，而預懷的成見則不可移。是爲「學說不仁，以百姓爲芻狗。」

或謂果如中庸主義，各種勢力皆得發揮，則爲今日之中國開立藥方，其將投以個人主義三錢，國家主義三錢，世界主義三錢，外加鄉土主義一錢作引，以共成重一兩之藥劑乎？曰：不然。如是之辦法爲雜湊主義，爲敷衍主義，而非所以語於中庸主義。中庸主義之要點在覓求中點，使各種相反的力量皆向此點以運行而滙成一個單一的諧和力量。在一定的時空內，一定的事態上，中點祇有一個，據此中點而組成之勢力集團，從而亦復祇有一個，環此中點而運行之各項勢力從而亦復祇是一體。各項勢力各應其整體之需要而發揮其當發之勢能，故中庸主義非雜湊主義，亦非折半主義。調整我國今日各項力量之唯一中點，祇是國家至上而已。

中庸的生活爲優美的生活，爲持平的生活，在個人則愉快而趣味繁多；在人羣則相安而共保生存；在時間上，則生趣盈溢而歷久不弊；在態度上，則審事度勢而允執其中。誠人類智慧之最高表現，人類經驗之寶貴結晶。我先民既於理性上發揮其認識，又於生活上凝現其形質，斯眞人類之珍奇成就而爲我國人所宜愛護者。求之人類文明之中，發揮此項思想者，有希臘之亞里士多德；實踐此項思想者，有盎格魯撒克遜民族。而論其思想與實際兩相輝映，既周密而又透澈者，則仍當首推我國。今日國人，鄙夷中道，惟怪是尙，誠精神失常之確徵，而宜速加治療者也。

跋

余景陶（家菊）先生，抗戰期間在陪都重慶任國民參政員，有暇則應成都「新中國日報」之請，爲之撰文。民國卅二年他以「孔學漫談」爲總題，撰寫有關孔子學說，「儒家道術」（梁任公語）一系列文章，按週寄蓉，連續刊載，計自卅二年四月起，迄同年十月止，共達廿四篇。當時頗受讀者的歡迎和學術思想界的重視。

中華民國史料研究中心保存有該報合訂本數十册，無疑這是海內「孤本」，刼後餘篇。蓋新中國日報自民國廿七年六月創刊到卅八年十二月成都陷落停刊，計十有餘年，而史料研究中心所存合訂本僅及半數，其殘缺可知。但是載有景陶先生之孔學論著部份，則甚完整，眞大幸也。玆將該等文章全部抄出，彙印成册，使其於卅二年之後，重現讀者之前。此爲作者對孔孟學說之闡揚，亦即對今日中國文化之復興有以致力焉。

民國六十四年九月宋益清誌於臺北。

滄海叢刊已刊行書目(八)

書名	作者	類別
文學欣賞的靈魂	劉述先	西洋文學
西洋兒童文學史	葉詠琍	西洋文學
現代藝術哲學	孫旗譯	藝術
音樂人生	黃友棣	音樂
音樂與我	趙琴	音樂
音樂伴我遊	趙琴	音樂
爐邊閒話	李抱忱	音樂
琴臺碎語	黃友棣	音樂
音樂隨筆	趙琴	音樂
樂林蓽露	黃友棣	音樂
樂谷鳴泉	黃友棣	音樂
樂韻飄香	黃友棣	音樂
樂圃長春	黃友棣	音樂
色彩基礎	何耀宗	美術
水彩技巧與創作	劉其偉	美術
繪畫隨筆	陳景容	美術
素描的技法	陳景容	美術
人體工學與安全	劉其偉	美術
立體造形基本設計	張長傑	美術
工藝材料	李鈞棫	美術
石膏工藝	李鈞棫	美術
裝飾工藝	張長傑	美術
都市計劃概論	王紀鯤	建築
建築設計方法	陳政雄	建築
建築基本畫	陳榮美 楊麗黛	建築
建築鋼屋架結構設計	王萬雄	建築
中國的建築藝術	張紹載	建築
室內環境設計	李琬琬	建築
現代工藝概論	張長傑	雕刻
藤竹工	張長傑	雕刻
戲劇藝術之發展及其原理	趙如琳譯	戲劇
戲劇編寫法	方寸	戲劇
時代的經驗	汪琪 彭家發	新聞
大眾傳播的挑戰	石永貴	新聞
書法與心理	高尚仁	心理

滄海叢刊已刊行書目(七)

書名	作者	類別
印度文學歷代名著選(上)(下)	糜文開編譯	文學
寒山子研究	陳慧劍	文學
魯迅這個人	劉心皇	文學
孟學的現代意義	王支洪	文學
比較詩學	葉維廉	比較文學
結構主義與中國文學	周英雄	比較文學
主題學研究論文集	陳鵬翔主編	比較文學
中國小說比較研究	侯健	比較文學
現象學與文學批評	鄭樹森編	比較文學
記號詩學	古添洪	比較文學
中美文學因緣	鄭樹森編	比較文學
文學因緣	鄭樹森	比較文學
比較文學理論與實踐	張漢良	比較文學
韓非子析論	謝雲飛	中國文學
陶淵明評論	李辰冬	中國文學
中國文學論叢	錢穆	中國文學
文學新論	李辰冬	中國文學
離騷九歌九章淺釋	繆天華	中國文學
苕華詞與人間詞話述評	王宗樂	中國文學
杜甫作品繫年	李辰冬	中國文學
元曲六大家	應裕康 王忠林	中國文學
詩經研讀指導	裴普賢	中國文學
迦陵談詩二集	葉嘉瑩	中國文學
莊子及其文學	黃錦鋐	中國文學
歐陽修詩本義研究	裴普賢	中國文學
清眞詞研究	王支洪	中國文學
宋儒風範	董金裕	中國文學
紅樓夢的文學價値	羅盤	中國文學
四說論叢	羅盤	中國文學
中國文學鑑賞舉隅	黃慶萱 許家鸞	中國文學
牛李黨爭與唐代文學	傅錫壬	中國文學
增訂江皋集	吳俊升	中國文學
浮士德研究	李辰冬譯	西洋文學
蘇忍尼辛選集	劉安雲譯	西洋文學

滄海叢刊已刊行書目(六)

書名	作者	類別
卡薩爾斯之琴	葉石濤	文學
青囊夜燈	許振江	文學
我永遠年輕	唐文標	文學
分析文學	陳啓佑	文學
思想起	陌上塵	文學
心酸記	李喬	文學
離訣	林蒼鬱	文學
孤獨園	林蒼鬱	文學
托塔少年	林文欽編	文學
北美情逅	卜貴美	文學
女兵自傳	謝冰瑩	文學
抗戰日記	謝冰瑩	文學
我在日本	謝冰瑩	文學
給青年朋友的信(上)(下)	謝冰瑩	文學
冰瑩書柬	謝冰瑩	文學
孤寂中的廻響	洛夫	文學
火天使	趙衛民	文學
無塵的鏡子	張默	文學
大漢心聲	張起鈞	文學
回首叫雲飛起	羊令野	文學
康莊有待	向陽	文學
情愛與文學	周伯乃	文學
湍流偶拾	繆天華	文學
文學之旅	蕭傳文	文學
鼓瑟集	幼柏	文學
種子落地	葉海煙	文學
文學邊緣	周玉山	文學
大陸文藝新探	周玉山	文學
累廬聲氣集	姜超嶽	文學
實用文纂	姜超嶽	文學
林下生涯	姜超嶽	文學
材與不材之間	王邦雄	文學
人生小語(一)(二)	何秀煌	文學
兒童文學	葉詠琍	文學

滄海叢刊已刊行書目㈤

書名	作者	類別
中西文學關係研究	王潤華	文學
文開隨筆	糜文開	文學
知識之劍	陳鼎環	文學
野草詞	韋瀚章	文學
李韶歌詞集	李韶	文學
石頭的研究	戴天	文學
留不住的航渡	葉維廉	文學
三十年詩	葉維廉	文學
現代散文欣賞	鄭明娳	文學
現代文學評論	亞菁	文學
三十年代作家論	姜穆	文學
當代臺灣作家論	何欣	文學
藍天白雲集	梁容若	文學
見賢集	鄭彥棻	文學
思齊集	鄭彥棻	文學
寫作是藝術	張秀亞	文學
孟武自選文集	薩孟武	文學
小說創作論	羅盤	文學
細讀現代小說	張素貞	文學
往日旋律	幼柏	文學
城市筆記	巴斯	文學
歐羅巴的蘆笛	葉維廉	文學
一個中國的海	葉維廉	文學
山外有山	李英豪	文學
現實的探索	陳銘磻編	文學
金排附	鍾延豪	文學
放鷹	吳錦發	文學
黃巢殺人八百萬	宋澤萊	文學
燈下燈	蕭蕭	文學
陽關千唱	陳煌	文學
種籽	向陽	文學
泥土的香味	彭瑞金	文學
無緣廟	陳艷秋	文學
鄉事	林清玄	文學
余忠雄的春天	鍾鐵民	文學
吳煦斌小說集	吳煦斌	文學

滄海叢刊已刊行書目(四)

書名	作者	類別
歷史圈外	朱桂	歷史
中國人的故事	夏雨人	歷史
老臺灣	陳冠學	歷史
古史地理論叢	錢穆	歷史
秦漢史	錢穆	歷史
秦漢史論稿	刑義田	歷史
我這半生	毛振翔	歷史
三生有幸	吳相湘	傳記
弘一大師傳	陳慧劍	傳記
蘇曼殊大師新傳	劉心皇	傳記
當代佛門人物	陳慧劍	傳記
孤兒心影錄	張國柱	傳記
精忠岳飛傳	李安	傳記
八十憶雙親 師友雜憶 合刊	錢穆	傳記
困勉強狷八十年	陶百川	傳記
中國歷史精神	錢穆	史學
國史新論	錢穆	史學
與西方史家論中國史學	杜維運	史學
清代史學與史家	杜維運	史學
中國文字學	潘重規	語言
中國聲韻學	潘重規 陳紹棠	語言
文學與音律	謝雲飛	語言
還鄉夢的幻滅	賴景瑚	文學
葫蘆・再見	鄭明娳	文學
大地之歌	大地詩社	文學
青春	葉蟬貞	文學
比較文學的墾拓在臺灣	古添洪 陳慧樺 主編	文學
從比較神話到文學	古添洪 陳慧樺	文學
解構批評論集	廖炳惠	文學
牧場的情思	張媛媛	文學
萍踪憶語	賴景瑚	文學
讀書與生活	琦君	文學

滄海叢刊已刊行書目㈢

書名	作者	類別
不疑不懼	王洪鈞	教育
文化與教育	錢穆	教育
教育叢談	上官業佑	教育
印度文化十八篇	糜文開	社會
中華文化十二講	錢穆	社會
清代科舉	劉兆璸	社會
世界局勢與中國文化	錢穆	社會
國家論	薩孟武譯	社會
紅樓夢與中國舊家庭	薩孟武	社會
社會學與中國研究	蔡文輝	社會
我國社會的變遷與發展	朱岑樓主編	社會
開放的多元社會	楊國樞	社會
社會、文化和知識份子	葉啓政	社會
臺灣與美國社會問題	蔡文輝 蕭新煌 主編	社會
日本社會的結構	福武直 著 王世雄 譯	社會
三十年來我國人文及社會科學之回顧與展望		社會
財經文存	王作榮	經濟
財經時論	楊道淮	經濟
中國歷代政治得失	錢穆	政治
周禮的政治思想	周世輔 周文湘	政治
儒家政論衍義	薩孟武	政治
先秦政治思想史	梁啓超原著 賈馥茗標點	政治
當代中國與民主	周陽山	政治
中國現代軍事史	劉馥 著 梅寅生 譯	軍事
憲法論集	林紀東	法律
憲法論叢	鄭彥棻	法律
師友風義	鄭彥棻	歷史
黃帝	錢穆	歷史
歷史與人物	吳相湘	歷史
歷史與文化論叢	錢穆	歷史

滄海叢刊已刊行書目(二)

書名	作者	類別
語言哲學	劉福增	哲學
邏輯與設基法	劉福增	哲學
知識・邏輯・科學哲學	林正弘	哲學
中國管理哲學	曾仕強	哲學
老子的哲學	王邦雄	中國哲學
孔學漫談	余家菊	中國哲學
中庸誠的哲學	吳怡	中國哲學
哲學演講錄	吳怡	中國哲學
墨家的哲學方法	鍾友聯	中國哲學
韓非子的哲學	王邦雄	中國哲學
墨家哲學	蔡仁厚	中國哲學
知識、理性與生命	孫寶琛	中國哲學
逍遥的莊子	吳怡	中國哲學
中國哲學的生命和方法	吳怡	中國哲學
儒家與現代中國	韋政通	中國哲學
希臘哲學趣談	鄔昆如	西洋哲學
中世哲學趣談	鄔昆如	西洋哲學
近代哲學趣談	鄔昆如	西洋哲學
現代哲學趣談	鄔昆如	西洋哲學
現代哲學述評(一)	傅佩榮譯	西洋哲學
懷海德哲學	楊士毅	西洋哲學
思想的貧困	韋政通	思想
不以規矩不能成方圓	劉君燦	思想
佛學研究	周中一	佛學
佛學論著	周中一	佛學
現代佛學原理	鄭金德	佛學
禪話	周中一	佛學
天人之際	李杏邨	佛學
公案禪語	吳怡	佛學
佛教思想新論	楊惠南	佛學
禪學講話	芝峯法師譯	佛學
圓滿生命的實現（布施波羅蜜）	陳柏達	佛學
絕對與圓融	霍韜晦	佛學
佛學研究指南	關世謙譯	佛學
當代學人談佛教	楊惠南編	佛學

滄海叢刊已刊行書目(二)

書名	作者	類別
國父道德言論類輯	陳立夫	國父遺教
中國學術思想史論叢(一)(二)(三)(四)(五)(六)(七)(八)	錢穆	國學
現代中國學術論衡	錢穆	國學
兩漢經學今古文平議	錢穆	國學
朱子學提綱	錢穆	國學
先秦諸子繫年	錢穆	國學
先秦諸子論叢	唐端正	國學
先秦諸子論叢（續篇）	唐端正	國學
儒學傳統與文化創新	黃俊傑	國學
宋代理學三書隨劄	錢穆	國學
莊子纂箋	錢穆	國學
湖上閒思錄	錢穆	哲學
人生十論	錢穆	哲學
晚學盲言	錢穆	哲學
中國百位哲學家	黎建球	哲學
西洋百位哲學家	鄔昆如	哲學
現代存在思想家	項退結	哲學
比較哲學與文化(一)(二)	吳森	哲學
文化哲學講錄(一)(二)(三)(四)	鄔昆如	哲學
哲學淺論	張康譯	哲學
哲學十大問題	鄔昆如	哲學
哲學智慧的尋求	何秀煌	哲學
哲學的智慧與歷史的聰明	何秀煌	哲學
內心悅樂之源泉	吳經熊	哲學
從西方哲學到禪佛教 —「哲學與宗教」一集—	傅偉勳	哲學
批判的繼承與創造的發展 —「哲學與宗教」二集—	傅偉勳	哲學
愛的哲學	蘇昌美	哲學
是與非	張身華譯	哲學